LÍNGUA PORTUGUESA

LUZIA FONSECA MARINHO
Licenciada em Letras pela Faculdade de Filosofia, Ciências e Letras de Moema
e Pós-graduada em Formação de leitores
Assessora pedagógica em Língua Portuguesa em escolas particulares
Professora de Língua Portuguesa no Ensino Fundamental

MARIA DA GRAÇA BRANCO
Mestra em Educação pela Faculdade de Educação da Universidade Estadual de Campinas (Unicamp)
Supervisora escolar na rede pública municipal de São Paulo

São Paulo – 1ª edição – 2018

Direção geral: Guilherme Luz
Direção editorial: Luiz Tonolli e Renata Mascarenhas
Gestão de projeto editorial: Tatiany Renó
Gestão e coordenação de área: Alice Silvestre e Camila De Pieri Fernandes
Edição: Ana Paula Enes, Carolina von Zuben, Marina S. Lupinetti, Rosângela Rago, Sheila Tonon Fabre e Vivian Marques Viccino (editoras), Débora Teodoro, Marina Caldeira Antunes e Patrícia Rocco S. Renda (assist.)
Assessoria pedagógica: Roberta Hernandes
Gerência de produção editorial: Ricardo de Gan Braga
Planejamento e controle de produção: Paula Godo, Roseli Said e Marcos Toledo
Colaboração para desenvolvimento da seção *Conectando saberes*: Mauro César Brosso e Suzana Obara
Revisão: Hélia de Jesus Gonsaga (ger.), Kátia Scaff Marques (coord.), Rosângela Muricy (coord.), Ana Curci, Arali Gomes, Célia Carvalho, Claudia Virgilio, Hires Heglan, Larissa Vazquez, Luciana B. Azevedo, Luís M. Boa Nova, Maura Loria, Patricia Cordeiro, Patrícia Travanca, Raquel A. Taveira, Rita de Cássia C. Queiroz; Amanda Teixeira Silva e Bárbara de M. Genereze (estagiárias)
Arte: Daniela Amaral (ger.), Catherine Saori Ishihara (coord.), Ana Miadaira e Tomiko C. Suguita (edição de arte)
Diagramação: Estúdio Anexo, Luiza Massucato e Nicola Loi
Iconografia: Sílvio Kligin (ger.), Claudia Bertolazzi (coord.), Cristina Akisino, Enio Lopes e Jad Silva (pesquisa iconográfica)
Licenciamento de conteúdos de terceiros: Thiago Fontana (coord.), Liliane Rodrigues (licenciamento de textos), Erika Ramirez, Luciana Pedrosa Bierbauer e Claudia Rodrigues (analistas adm.)
Tratamento de imagem: Cesar Wolf e Fernanda Crevin
Ilustrações: Adolar, AMJ Studio, Ana Macedo, Andréia Vieira, Biry Sarkis, Bruna Assis Brasil, Cris Eich, Estúdio Chanceler, Estúdio Lab 307, Hélio Senatore, Imaginário Studio, Paulo Borges e Roberto Weigand
Design: Gláucia Correa Koller (ger.), Erika Tiemi Yamauchi Asato (proj. gráfico e capa) e Talita Guedes da Silva (capa)
Foto de capa: Martine Doucet/Getty Images
Ilustração de capa: Ideário Lab

Todos os direitos reservados por Saraiva Educação S.A.
Avenida das Nações Unidas, 7221, 1º andar, Setor A –
Espaço 2 – Pinheiros – SP – CEP 05425-902
SAC 0800 011 7875
www.editorasaraiva.com.br

Dados Internacionais de Catalogação na Publicação (CIP)
(Câmara Brasileira do Livro, SP, Brasil)

```
Marinho, Luzia Fonseca
    Ligamundo : língua portuguesa 2º ano / Luzia
Fonseca Marinho, Maria da Graça Branco. -- 1. ed. --
São Paulo : Saraiva, 2018.

    Suplementado pelo manual do professor.
    Bibliografia.
    ISBN 978-85-472-3453-9 (aluno)
    ISBN 978-85-472-3454-6 (professor)

    1. Português (Ensino fundamental) I. Branco,
Maria da Graça. II. Título.

18-16315                              CDD-372.6
```

Índices para catálogo sistemático:
1. Português : Ensino fundamental 372.6

Maria Alice Ferreira - Bibliotecária - CRB-8/7964

2021
Código da obra CL 800639
CAE 628130 (AL) / 628131 (PR)
1ª edição
8ª impressão

Impressão e acabamento Gráfica Santa Marta

Uma publicação

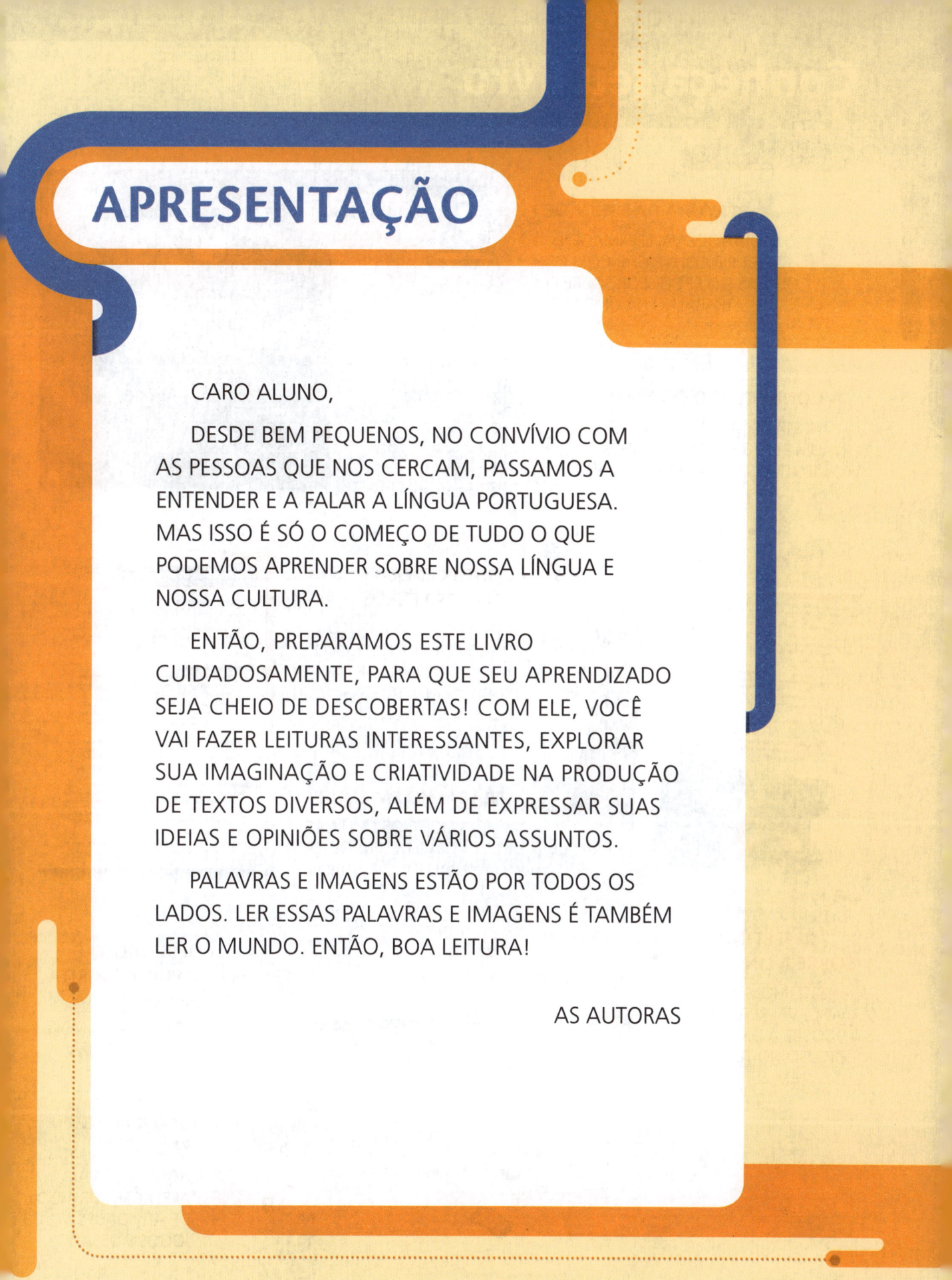

APRESENTAÇÃO

CARO ALUNO,

DESDE BEM PEQUENOS, NO CONVÍVIO COM AS PESSOAS QUE NOS CERCAM, PASSAMOS A ENTENDER E A FALAR A LÍNGUA PORTUGUESA. MAS ISSO É SÓ O COMEÇO DE TUDO O QUE PODEMOS APRENDER SOBRE NOSSA LÍNGUA E NOSSA CULTURA.

ENTÃO, PREPARAMOS ESTE LIVRO CUIDADOSAMENTE, PARA QUE SEU APRENDIZADO SEJA CHEIO DE DESCOBERTAS! COM ELE, VOCÊ VAI FAZER LEITURAS INTERESSANTES, EXPLORAR SUA IMAGINAÇÃO E CRIATIVIDADE NA PRODUÇÃO DE TEXTOS DIVERSOS, ALÉM DE EXPRESSAR SUAS IDEIAS E OPINIÕES SOBRE VÁRIOS ASSUNTOS.

PALAVRAS E IMAGENS ESTÃO POR TODOS OS LADOS. LER ESSAS PALAVRAS E IMAGENS É TAMBÉM LER O MUNDO. ENTÃO, BOA LEITURA!

AS AUTORAS

Conheça seu livro

ABERTURA DA UNIDADE

AQUI VOCÊ VAI LER IMAGENS, REFLETIR E CONVERSAR COM OS COLEGAS E O PROFESSOR SOBRE O TRABALHO NA UNIDADE.

CONHECENDO O TEXTO

NESTA SEÇÃO VOCÊ VAI LER UM TEXTO E EXPLORAR SEUS SENTIDOS E SUA CONSTRUÇÃO.

CONHECENDO OUTROS TEXTOS

ESTE SERÁ O MOMENTO DA LEITURA DE UM NOVO TEXTO E DE REFLETIR SOBRE SEMELHANÇAS E DIFERENÇAS ENTRE TEXTOS.

TRABALHO EM EQUIPE

VOCÊ E OS COLEGAS VÃO DESENVOLVER TRABALHOS COLETIVOS.

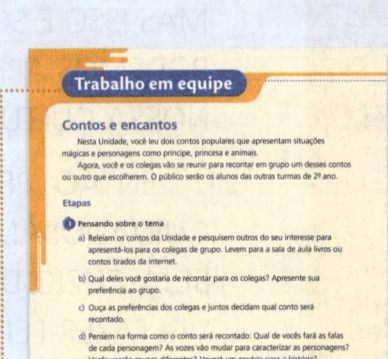

REFLETINDO SOBRE A LÍNGUA

NESTE MOMENTO VOCÊ VAI REFLETIR SOBRE A LÍNGUA EM USO NO TEXTO EM ESTUDO.

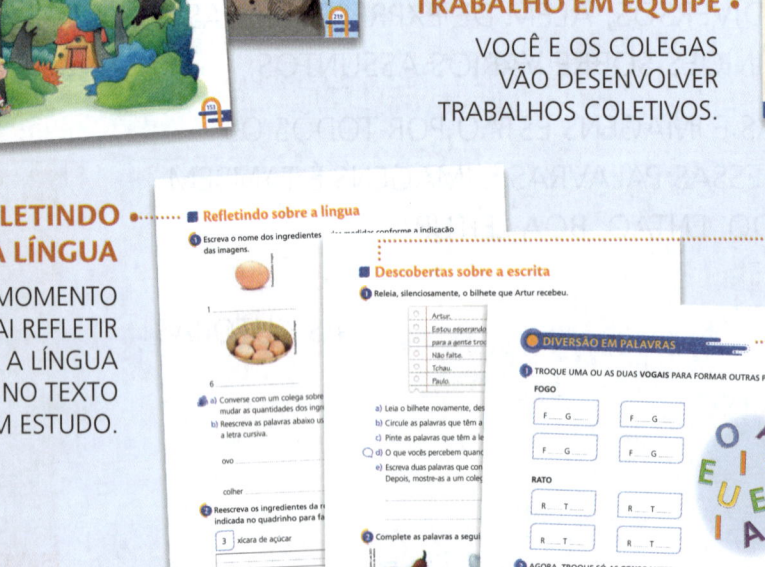

DESCOBERTAS SOBRE A ESCRITA

NESTA SEÇÃO VOCÊ VAI APRENDER MAIS SOBRE A ESCRITA.

DIVERSÃO EM PALAVRAS

AQUI VOCÊ VAI APRENDER POR MEIO DE ATIVIDADES, JOGOS E DESAFIOS.

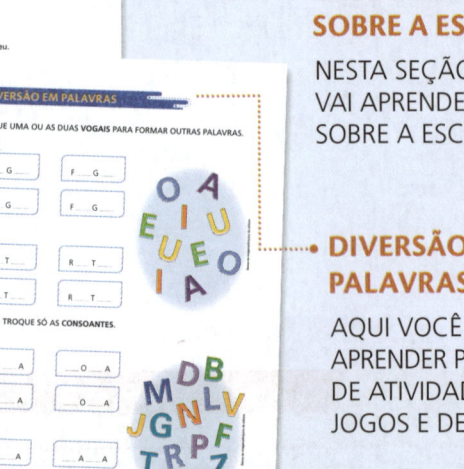

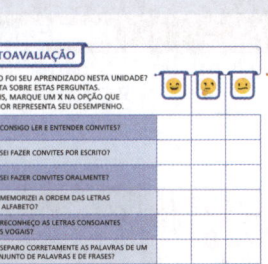

AUTOAVALIAÇÃO

NESTA SEÇÃO VOCÊ PODERÁ REFLETIR SOBRE O QUE APRENDEU NA UNIDADE E SOBRE SEU DESEMPENHO.

SUGESTÕES

AQUI VOCÊ ENCONTRA SUGESTÕES PARA AMPLIAR SEUS CONHECIMENTOS.

PRATICANDO A FALA E A ESCUTA

NESTA SEÇÃO, VOCÊ VAI PODER PRATICAR A FALA EM DIFERENTES SITUAÇÕES E TAMBÉM EXERCITAR A ESCUTA ATENTA.

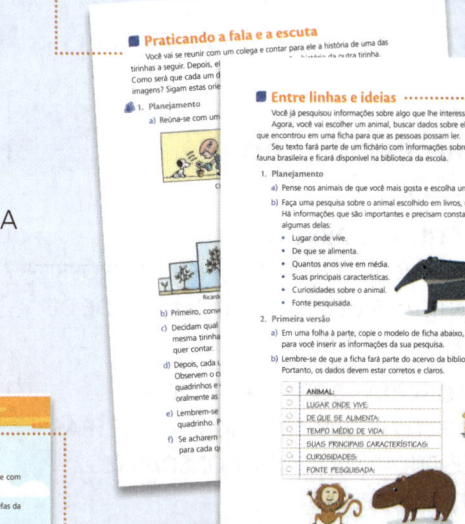

ENTRE LINHAS E IDEIAS

AO PRODUZIR UM TEXTO ESCRITO, VOCÊ TERÁ A OPORTUNIDADE DE PÔR EM PRÁTICA O QUE APRENDEU.

CONECTANDO SABERES

ESTE É O MOMENTO DE REFLETIR SOBRE CIDADANIA E PERCEBER A RELAÇÃO ENTRE DIVERSOS CONHECIMENTOS.

CONVITE LITERÁRIO

NESTE MOMENTO VOCÊ É CONVIDADO A APRECIAR OUTROS TEXTOS LITERÁRIOS, CONHECER SEUS SENTIDOS E AMPLIAR SEU CONHECIMENTO.

ÍCONES QUE INDICAM COMO REALIZAR AS ATIVIDADES:

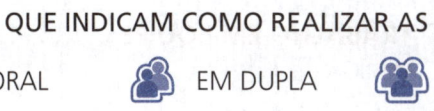

NOTA: AS SUGESTÕES DE VÍDEOS E *SITES* FEITAS NO LIVRO TÊM O OBJETIVO DE AMPLIAR SEU APRENDIZADO, E NÃO DE FAZER PROPAGANDA DE NENHUM PRODUTO.

SUMÁRIO

• **UNIDADE 1**

É DIA DE FESTA! 10

CONVITE 12
- **CONHECENDO O TEXTO** 13
  CONVITES
- **REFLETINDO SOBRE A LÍNGUA** 15
  LETRAS INICIAIS E FINAIS DE NOMES PRÓPRIOS / QUANTIDADE DE LETRAS / QUANTIDADE DE PARTES DE PALAVRAS
- **DESCOBERTAS SOBRE A ESCRITA** 17
  ALFABETO / LETRAS MAIÚSCULAS E LETRAS MINÚSCULAS / VOGAIS E CONSOANTES / ORDEM ALFABÉTICA
- **DIVERSÃO EM PALAVRAS** 22
  DADOS ESSENCIAIS DE CONVITES
- **VAMOS FALAR SOBRE...**
  JEITOS DE COMEMORAR O ANIVERSÁRIO 22
- **REFLETINDO SOBRE A LÍNGUA** 23
  NOMES PRÓPRIOS MASCULINOS E FEMININOS / ORDEM ALFABÉTICA / SEGMENTAÇÃO DE PALAVRAS
- **DIVERSÃO EM PALAVRAS** 26
  TROCA DE LETRAS DE PALAVRAS PARA FORMAR OUTRAS PALAVRAS
- **CONHECENDO OUTROS TEXTOS** 27
  CONVITE
- **ENTRE LINHAS E IDEIAS** 29
  CONVITE ESCRITO
- **PRATICANDO A FALA E A ESCUTA** 31
  CONVITE POR TELEFONE
- **AUTOAVALIAÇÃO** 33
- **SUGESTÕES** 33

• **UNIDADE 2**

VAMOS AO TEATRO? 34

TEXTO TEATRAL 36
- **CONHECENDO O TEXTO** 37
  "O RAPTO DAS CEBOLINHAS", MARIA CLARA MACHADO
- **DIVERSÃO EM PALAVRAS** 44
  DIAGRAMA / ORDEM ALFABÉTICA
- **REFLETINDO SOBRE A LÍNGUA** 45
  SÍLABA
- **DESCOBERTAS SOBRE A ESCRITA** 47
  LETRAS **P** E **B**
- **ENTRE LINHAS E IDEIAS** 48
  CONTINUAÇÃO DE TEXTO TEATRAL
- **VAMOS FALAR SOBRE...**
  ARTISTAS DE RUA 49
- **PRATICANDO A FALA E A ESCUTA** 50
  CENA TEATRAL
- **DIVERSÃO EM PALAVRAS** 52
  ORDENAÇÃO DE SÍLABAS / LETRAS **P** E **B**
- **AUTOAVALIAÇÃO** 53
- **SUGESTÕES** 53

TRABALHO EM EQUIPE 54
MÍMICA

• **UNIDADE 3**

• **FAÇA A SUA ESCOLHA** 56

ANÚNCIO PUBLICITÁRIO 58

- **CONHECENDO O TEXTO** 59
  ANÚNCIO DE CAMPANHA DE VACINAÇÃO

- **DESCOBERTAS SOBRE A ESCRITA** 61
  ALFABETO MAIÚSCULO E MINÚSCULO / VOGAIS E CONSOANTES

- **REFLETINDO SOBRE A LÍNGUA** 62
  QUANTIDADE DE LETRAS / LETRAS INICIAIS DE NOMES / SÍLABAS

- **DIVERSÃO EM PALAVRAS** 64
  SÍLABAS

- **VAMOS FALAR SOBRE...**
  PUBLICIDADE INCLUSIVA 64

- **CONHECENDO OUTROS TEXTOS** 65
  ANÚNCIO DE CAMPANHA DE DOAÇÃO

- **REFLETINDO SOBRE A LÍNGUA** 67
  DIMINUTIVOS **-INHO, -INHA**

- **ENTRE LINHAS E IDEIAS** 69
  ANÚNCIO PUBLICITÁRIO

- **PRATICANDO A FALA E A ESCUTA** 71
  ANÚNCIO PUBLICITÁRIO

- **AUTOAVALIAÇÃO** 73
- **SUGESTÕES** 73

CONECTANDO SABERES

- **AS TECNOLOGIAS E A PUBLICIDADE** 74

• **UNIDADE 4**

• **Trocando informações** 76

Bilhete, carta e *e-mail* pessoal 78

- **Conhecendo os textos** 80
  E-mail pessoal / Bilhete / Carta

- **Descobertas sobre a escrita** 86
  Letras maiúsculas e minúsculas

- **Diversão em palavras** 88
  Ordem alfabética

- **Refletindo sobre a língua** 89
  Linguagem formal e informal / Segmentação de palavras / Sílaba

- **Descobertas sobre a escrita** 93
  Letras **T** e **D** / Letras **V** e **F**

- **Entre linhas e ideias** 95
  Bilhete

- **Vamos falar sobre...**
  Mensagens digitais 96

- **Praticando a fala e a escuta** 97
  Aviso por telefone

- **Autoavaliação** 99
- **Sugestões** 99

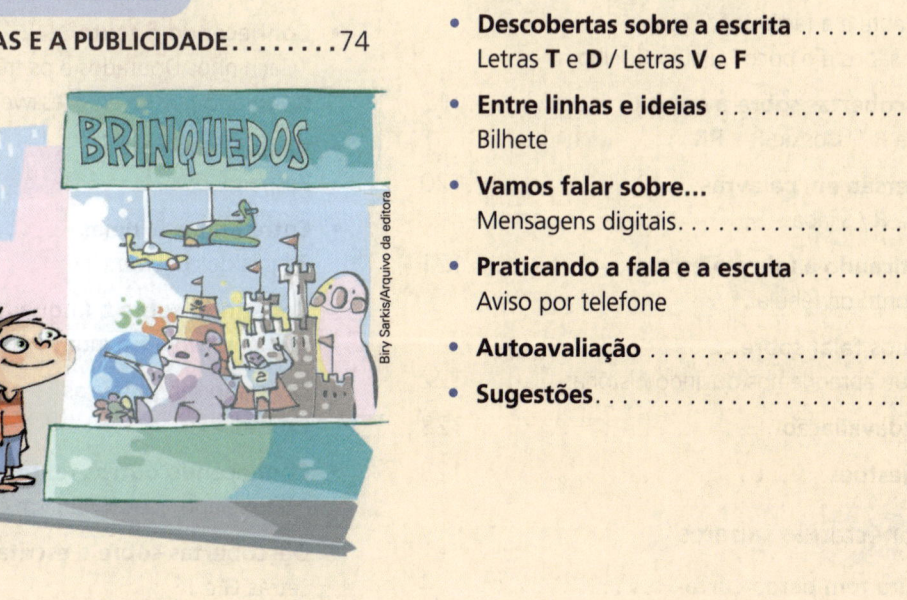

7

SUMÁRIO

UNIDADE 5
Fábulas para pensar 100

Fábula 102
- **Conhecendo o texto** 103
  "O galo que logrou a raposa", Monteiro Lobato
- **Refletindo sobre a língua** 109
  Parágrafo
- **Diversão em palavras** 111
  Ordenação de parágrafo
- **Entre linhas e ideias** 112
  Reescrita de fábula
- **Conhecendo outros textos** 114
  "Lobo! Lobo!", Paulo Coelho
  "A lebre e a tartaruga", Esopo
  "Os sapos e o poço", Paulo Coelho
- **Descobertas sobre a escrita** 117
  Letra **R** / Usos de **R** e **RR**
- **Diversão em palavras** 120
  Letra **R** / Sílabas
- **Praticando a fala e a escuta** ... 121
  Reconto de fábula
- **Vamos falar sobre...**
  O que aprendemos ouvindo histórias 122
- **Autoavaliação** 123
- **Sugestões** 123

Conectando saberes
- **Mentira tem perna curta** 124

UNIDADE 6
Aromas e sabores 126

Receita culinária 128
- **Conhecendo o texto** 130
  "Bicho do pé", Carla Pernambuco e Pinky Wainer
- **Vamos falar sobre...**
  Alimentação e convivência 136
- **Descobertas sobre a escrita** 136
  Letra cursiva maiúscula e minúscula
- **Refletindo sobre a língua** 140
  Singular e plural
- **Diversão em palavras** 142
  Receita culinária
- **Entre linhas e ideias** 143
  Receita de prato favorito
- **Praticando a fala e a escuta** ... 145
  Apresentação de receita culinária
- **Autoavaliação** 147
- **Sugestões** 147

Conectando saberes
- **Afazeres domésticos** 148

UNIDADE 7
Contos e encantos 150

Conto popular 152
- **Conhecendo o texto** 153
  "Cachinhos Dourados e os três ursos", recontado por Helen Cresswell
- **Vamos falar sobre...**
  Respeito 158
- **Entre linhas e ideias** 159
  Regras de convivência
- **Refletindo sobre a língua** 160
  Aumentativo e diminutivo / Prefixos **im-** e **in-**
- **Diversão em palavras** 163
  Cruzadinha
- **Conhecendo outros textos** 164
  "O Rei Sapo", Jacob Grimm e Wilhelm Grimm
- **Descobertas sobre a escrita** 172
  Letras **G** e **J**

8

- **Entre linhas e ideias** 173
  Registro de conto popular oralizado
- **Praticando a fala e a escuta** 175
  Reconto de conto popular
- **Autoavaliação** 177
- **Sugestões** 177

  Trabalho em equipe 178
  Contos e encantos

UNIDADE 8

Para saber mais 180

Texto expositivo 182
- **Conhecendo o texto** 183
  "Sapo-cururu", disponível em *site*
- **Refletindo sobre a língua** 187
  Uso de dicionário
- **Vamos falar sobre...**
  Tráfico de animais silvestres 188
- **Entre linhas e ideias** 189
  Ficha de animal
- **Descobertas sobre a escrita** 191
  Letras **G** e **J** / Palavras com **GA**, **GO**, **GU**;
  GE, **GI**; **GUA**, **GUE**, **GUI**
- **Diversão em palavras** 193
  Letras **G** e **J**
- **Conhecendo outros textos** 194
  Página de dicionário
- **Diversão em palavras** 196
  Letra **G**
- **Praticando a fala e a escuta** 197
  Apresentação de informações sobre animal
- **Autoavaliação** 199
- **Sugestões** 199

UNIDADE 9

O mundo da história em quadrinhos 200

História em quadrinhos 202
- **Conhecendo o texto** 203
  "Cebolinha", Mauricio de Sousa
- **Vamos falar sobre...**
  Preservação da natureza 207
- **Conhecendo outros textos** 208
  Tirinha extraída de "Macanudo por Liniers 1",
  Ricardo Liniers
- **Refletindo sobre a língua** 211
  Onomatopeia
- **Entre linhas e ideias** 213
  Quadrinho com novo fim para uma história
- **Praticando a fala e a escuta** 215
  Narrativa oral de tirinha
- **Conhecendo outros textos** 217
  "Suriá", Laerte Coutinho
- **Conhecendo outros textos** 219
  "A menina que acordou princesa", Rafael Cury
- **Descobertas sobre a escrita** 223
  Letras **M** e **N** / Palavras com til
- **Diversão em palavras** 224
  Ilustração de poema como HQ
- **Autoavaliação** 225
- **Sugestão** 225

  Conectando saberes
  A água que consumimos 226

  Convite literário 228

Bibliografia 240

UNIDADE 1

É DIA DE FESTA!

NESTA UNIDADE, VOCÊ VAI:

- LER E ENTENDER CONVITES.
- FAZER CONVITES POR ESCRITO E ORALMENTE.
- MEMORIZAR A ORDEM DAS LETRAS NO ALFABETO.
- RECONHECER AS VOGAIS E AS CONSOANTES.
- SEPARAR PALAVRAS DE UM CONJUNTO DE PALAVRAS E FRASES.

OBSERVE A IMAGEM AO LADO.

1. AO OBSERVAR ESTA IMAGEM, NO QUE VOCÊ PENSA?
2. POR QUE AS CRIANÇAS DO QUADRO ESTÃO REUNIDAS?
3. QUEM PROVAVELMENTE CHAMOU AS CRIANÇAS PARA ESSA REUNIÃO?
4. COMO AS PESSOAS SABEM ONDE E QUANDO ACONTECE ESSE TIPO DE REUNIÃO?
5. O QUE SE PODE FAZER PARA CHAMAR VÁRIAS PESSOAS PARA UM ENCONTRO?

HAPPY BIRTHDAY, DE KOMI CHEN, 1994. GUACHE EM SEDA. 48,3 cm × 53,3 cm. COLEÇÃO PARTICULAR.

CONVITE

1 VOCÊ JÁ RECEBEU UM CONVITE PARA ALGUM EVENTO? SE SIM, CONTE PARA UM COLEGA COMO FOI FEITO ESSE CONVITE. DEPOIS, OUÇA O QUE ELE TEM A DIZER.

A) ELE FOI ENTREGUE POR ESCRITO OU ALGUÉM FALOU SOBRE O EVENTO PARA VOCÊ?

B) VOCÊ JÁ CHAMOU ALGUÉM PARA UM EVENTO? CONTE AO COLEGA COMO FEZ ISSO.

C) COMO FOI ESSE EVENTO?

D) PEÇA AO COLEGA QUE CONTE O QUE ELE FAZ QUANDO DESEJA CHAMAR ALGUÉM PARA UM EVENTO.

2 PARA CHAMAR PESSOAS PARA UM EVENTO, VOCÊ PODE FAZER O CONVITE POR ESCRITO OU CONVERSAR COM QUEM DESEJA CONVIDAR.

- OBSERVE AS IMAGENS E IDENTIFIQUE COM A LETRA **E** A OPÇÃO QUE REPRESENTA UM MEIO ESCRITO E COM A LETRA **F** A QUE REPRESENTA UM MEIO FALADO.

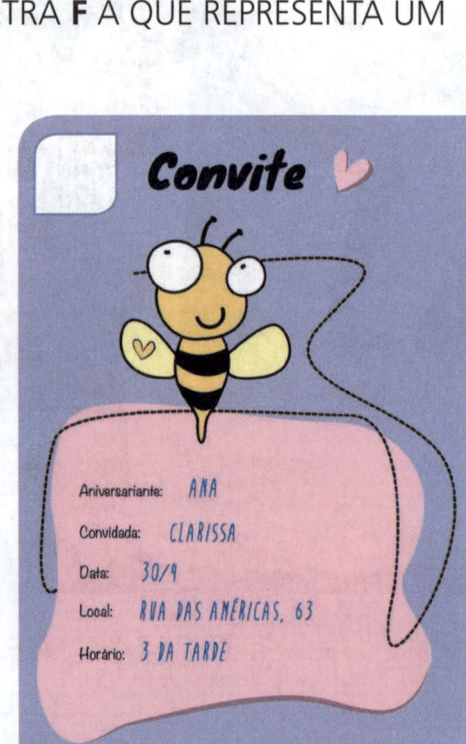

UNIDADE 1

CONHECENDO O TEXTO

LEIA ESTES CONVITES COM A AJUDA DO PROFESSOR.

CONVITE 1

CONVITE 2

1. O QUE MAIS CHAMOU SUA ATENÇÃO EM CADA UM DESSES CONVITES?

2. NO SEGUNDO CONVITE, O QUE VOCÊ IMAGINA QUE SIGNIFICA "CONTAÇÃO DE HISTÓRIAS"?

3. VOCÊ PERCEBEU DIFERENÇAS E SEMELHANÇAS ENTRE OS DOIS CONVITES? CONTE A UM COLEGA E OUÇA O QUE ELE TEM A DIZER.

4 PREENCHA O QUADRO DE ACORDO COM OS CONVITES 1 E 2 E CONFIRA AS SEMELHANÇAS E AS DIFERENÇAS ENTRE ELES.

INFORMAÇÕES	CONVITE 1	CONVITE 2
PARA QUE É O CONVITE?		
QUEM CONVIDA?		
QUEM É O CONVIDADO?		
LOCAL OU ENDEREÇO		
DATA E HORÁRIO		

5 PENSANDO NO QUE VOCÊ JÁ SABE SOBRE CONVITES ESCRITOS, MARQUE UM **X** NAS INFORMAÇÕES QUE COSTUMAM APARECER NELES.

- [ ] O MOTIVO DO CONVITE.
- [ ] O SABOR DO BOLO.
- [ ] O LOCAL E O ENDEREÇO DO EVENTO.
- [ ] A DATA E O HORÁRIO.
- [ ] O NOME DO CONVIDADO E DE QUEM CONVIDA.
- [ ] O NOME DE TODOS OS CONVIDADOS.

UNIDADE 1

REFLETINDO SOBRE A LÍNGUA

1 COM A AJUDA DO PROFESSOR, LEIA ALGUNS NOMES DE PESSOAS CONVIDADAS PARA A FESTA DE LUANA.

A) CIRCULE ABAIXO A LETRA INICIAL DE CADA NOME.

| MARIANA | MARCOS | PEDRO | FELIPE |
| ANTÔNIO | JULIANA | VERA | ANDRÉ |

B) OBSERVE OS NOMES. QUAIS DELES COMEÇAM COM A MESMA LETRA?

_____

C) PINTE A ÚLTIMA LETRA DE CADA NOME.

D) QUAIS NOMES TERMINAM COM A MESMA LETRA?

_____

_____

2 RELEIA OS NOMES DA ATIVIDADE 1. DEPOIS, COPIE UM NOME QUE:

A) COMECE COM A LETRA **V**. ....

B) TENHA MAIS DE UMA LETRA **A**. ....

C) TENHA A LETRA **I**. ....

D) TERMINE COM A LETRA **S**. ....

3 COMPLETE OS NOMES COM AS LETRAS QUE FALTAM.

MARIA .... A   M .... RIANA   MAR .... ANA

MARC .... S   M .... RCOS   MA .... COS

.... NTÔNIO   ANTÔN .... O   AN .... ÔNIO

4 OBSERVE UMA DAS PALAVRAS QUE APARECE NO CONVITE DE LUANA.

A) QUANTAS LETRAS ESSA PALAVRA TEM? ☐ LETRAS

B) FALE ESSA PALAVRA EM VOZ ALTA E PAUSADAMENTE. EM QUANTAS PARTES ELA SE DIVIDE QUANDO É FALADA?

☐ TRÊS PARTES: COME-MO-RAR

☐ QUATRO PARTES: CO-ME-MO-RAR

☐ DUAS PARTES: COME-MORAR

5 LEIA AS PALAVRAS DO QUADRO EM VOZ ALTA E PAUSADAMENTE.

| CONVITE | AUTORA | DIVERTIDA | BOLO |

- CIRCULE A PALAVRA QUE TEM A MESMA QUANTIDADE DE PARTES QUE A PALAVRA **COMEMORAR**.

16 UNIDADE 1

DESCOBERTAS SOBRE A ESCRITA

1 FAÇA COM O PROFESSOR A LEITURA DO **ALFABETO** EM VOZ ALTA E OBSERVE A FORMA COMO AS LETRAS SÃO ESCRITAS.

LETRAS MAIÚSCULAS

A B C D E F G H I J K L M N O P Q R S T U V W X Y Z

LETRAS MINÚSCULAS

a b c d e f g h i j k l m n o p q r s t u v w x y z

- COM UM COLEGA, COMPARE AS DUAS FORMAS DE ESCREVER AS LETRAS DO ALFABETO. O QUE VOCÊS OBSERVARAM?

2 OBSERVE O ALFABETO E FAÇA O QUE SE PEDE.

A) ESCREVA QUANTAS LETRAS FORMAM NOSSO ALFABETO. ☐

B) COPIE AS LETRAS MAIÚSCULAS DESTACADAS EM VERMELHO. ....., ..., ..., ..., ... ESSAS LETRAS SÃO CHAMADAS DE **VOGAIS**.

C) AS OUTRAS .... DO ALFABETO SÃO AS **CONSOANTES**.

> AS LETRAS DOS QUADROS ACIMA ESTÃO EM **ORDEM ALFABÉTICA**. ESSA ORDEM PERMITE ORGANIZAR, POR EXEMPLO, OS NOMES NA LISTA DE CHAMADA E NA AGENDA DE TELEFONES.

3 COMPLETE COM AS VOGAIS ADEQUADAS.

..... B ..... C ..... X .....   C ..... V ..... L .....

4 DESTAQUE AS LETRAS MÓVEIS MAIÚSCULAS DAS FICHAS 1 A 3 DO **MATERIAL COMPLEMENTAR**.

A) COM A AJUDA DO PROFESSOR, FORME O NOME DOS SEGUINTES OBJETOS QUE COSTUMAM SER VISTOS EM UMA FESTA DE ANIVERSÁRIO. DEPOIS, ESCREVA-O.

B) FORME, TAMBÉM, SEU NOME E O NOME DE ALGUNS COLEGAS. O PROFESSOR PODERÁ AJUDAR.

5 NO CONVITE DE ANIVERSÁRIO DE LUANA HÁ UMA ASTRONAUTA. LIGUE OS PONTOS SEGUINDO A ORDEM DAS LETRAS DO ALFABETO, COMEÇANDO PELA LETRA **A**, E VEJA A FIGURA QUE VAI SE FORMAR.

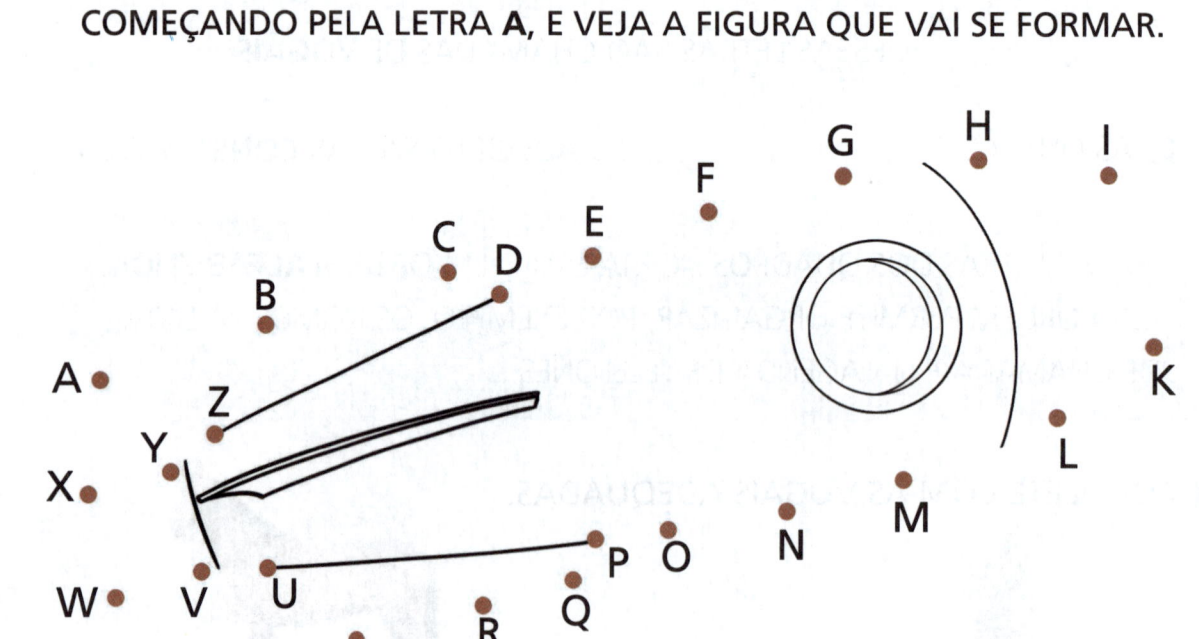

- AGORA, PINTE A FIGURA QUE VOCÊ FORMOU.

18 UNIDADE 1

6 COMPLETE O ALFABETO COM AS LETRAS QUE FALTAM.

A			E			I			
	O				U				

- VOCÊ COMPLETOU O ALFABETO COM:

  ☐ VOGAIS.   ☐ CONSOANTES.

7 AGORA, COMPLETE ESTA OUTRA SEQUÊNCIA COM AS LETRAS QUE FALTAM.

	B	C	D		F	G	H		J	K	L	M
N		P	Q	R	S	T		V	W	X	Y	Z

- VOCÊ COMPLETOU O ALFABETO COM:

  ☐ VOGAIS.   ☐ CONSOANTES.

8 LEIA ESTES NOMES COM A AJUDA DO PROFESSOR.

DENISE   BRUNO   ALINE

- ORGANIZE-OS DE ACORDO COM A ORDEM DAS LETRAS DO ALFABETO, COMO ACONTECE NA LISTA DE CHAMADA.

  DICA: CONSULTE O ALFABETO PARA VERIFICAR A ORDEM DAS LETRAS.

9 O QUE VOCÊ OBSERVOU PARA COLOCAR OS NOMES EM ORDEM ALFABÉTICA? CONVERSE COM UM COLEGA PARA SABER COMO ELE FEZ.

10 CONSULTE A LISTA DE ALUNOS DA SUA TURMA E ESCREVA:

A) O PRIMEIRO NOME DA LISTA. _____

B) O ÚLTIMO NOME DA LISTA. _____

C) O NOME QUE APARECE ANTES DO SEU. _____

D) O NOME QUE APARECE DEPOIS DO SEU. _____

11 QUAL DAS LISTAS DE NOMES DE ALUNOS ABAIXO **NÃO** SEGUE A ORDEM DAS LETRAS NO ALFABETO?

☐	☐	☐
ALICE BIANCA CÉSAR	MARIA CARLA DÊNIS	ANA FABRÍCIO JOANA

12 COMPLETE OS NOMES COM AS LETRAS QUE ESTÃO FALTANDO. DEPOIS, RESPONDA ÀS QUESTÕES.

AM ____ ND ____

ADR ____ ____ NA

C ____ R ____ N ____

F ____ RN ____ NDO

FÁB ____ ____

A) LEIA EM VOZ ALTA OS NOMES QUE VOCÊ COMPLETOU.

B) O QUE HÁ DE COMUM EM TODAS AS LETRAS QUE VOCÊ UTILIZOU PARA COMPLETAR OS NOMES?

UNIDADE 1

13 OBSERVE O NOME ESCRITO NO ENVELOPE DO CONVITE.

- QUEM DEVERÁ RECEBER ESSE CONVITE?

  ☐ ALESSANDRA

  ☐ ALFREDO

  ☐ ALEXANDRE

  ☐ ALEXANDRA

14 CIRCULE, EM CADA LINHA, A PALAVRA IGUAL À DA COLUNA LARANJA.

BEXIGA	beliche	bexiga	beleza
AÇÚCAR	açucarado	açucareiro	açúcar
BISCOITO	biscoito	bisnaguinha	bisteca
PRESENTE	preço	prédio	presente
VELA	verão	veludo	vela
LIVRO	limão	livro	livraria

21

DIVERSÃO EM PALAVRAS

■ IMAGINE QUE ESTE É O CONVITE DE SEU PRÓXIMO ANIVERSÁRIO. OBSERVE-O.

A) O QUE É PRECISO INFORMAR PARA O CONVIDADO?

B) PREENCHA O CONVITE. DEPOIS, LEIA-O EM VOZ ALTA PARA UM COLEGA.

VAMOS FALAR SOBRE...

JEITOS DE COMEMORAR O ANIVERSÁRIO

EXISTEM JEITOS DIFERENTES DE CELEBRAR O DIA DO ANIVERSÁRIO. NO BRASIL, HÁ PESSOAS QUE SE REÚNEM COM OS AMIGOS E OS FAMILIARES PARA COMEMORAR, E HÁ PESSOAS QUE NÃO COMEMORAM ESSA DATA. ALGUNS POVOS INDÍGENAS, POR EXEMPLO, CELEBRAM O NASCIMENTO DE UMA CRIANÇA, MAS NÃO COMEMORAM O ANIVERSÁRIO DELA.

VOCÊ CONHECE ALGUM JEITO DIFERENTE DE CELEBRAR O DIA DO ANIVERSÁRIO DE ALGUÉM? CONVERSE COM OS COLEGAS SOBRE ISSO.

■ NO LUGAR EM QUE VOCÊ VIVE, COMO SE COSTUMA COMEMORAR O DIA DO ANIVERSÁRIO? HÁ ALGUMA COMIDA OU MÚSICA ESPECIAL?

REFLETINDO SOBRE A LÍNGUA

1 ESTA É UMA LISTA DE CONVIDADOS PARA A FESTA DE LUANA. NA PRIMEIRA COLUNA ESTÃO OS NOMES DAS MENINAS QUE ELA CHAMOU PARA O EVENTO.

A) ESCREVA, NA SEGUNDA COLUNA, OS NOMES DOS MENINOS CONVIDADOS. PARA ISSO, SIGA O EXEMPLO.

B) NA TERCEIRA COLUNA, ORGANIZE OS NOMES DOS MENINOS QUE FORAM CONVIDADOS, COLOCANDO-OS EM ORDEM ALFABÉTICA.

LISTA DE CONVIDADAS	LISTA DE CONVIDADOS	EM ORDEM ALFABÉTICA
ADRIANA	ADRIANO	
MARCELA		
ROBERTA		
GABRIELA		
FLÁVIA		
RENATA		
MARIANA		
LUÍSA		
JÚLIA		
RAFAELA		

Biry Sarkis/Arquivo da editora

23

2 LUANA ANOTOU EM UMA FOLHA O NOME DOS PRESENTES QUE GANHOU, SEM DEIXAR ESPAÇO ENTRE AS PALAVRAS.

■ DESCUBRA QUAIS FORAM OS PRESENTES E ESCREVA CADA PALAVRA NO QUADRO ABAIXO.

A) BRINQUEDOS

BONECALIVROBOLAPATINSJOGOROBÔBICICLETAMASSINHA	

B) ROUPAS

CASACOBERMUDACAMISETAPIJAMACALÇASAIABONÉMEIA	

24 UNIDADE 1

3 ORGANIZE O CARDÁPIO DE SALGADOS DA FESTA SEGUNDO A **ORDEM DAS LETRAS NO ALFABETO**.

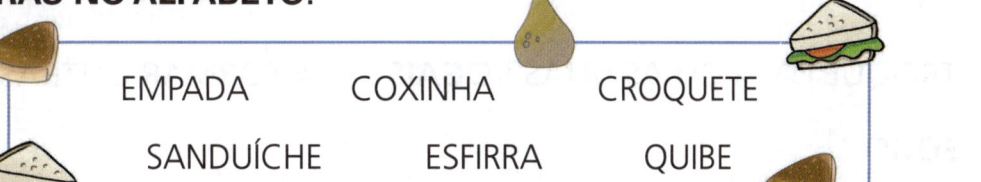

EMPADA   COXINHA   CROQUETE

SANDUÍCHE   ESFIRRA   QUIBE

SALGADOS	

- RESPONDA: SEU SALGADO FAVORITO ESTÁ NA LISTA? SE ESTIVER, QUAL É ELE?

4 AGORA, FAÇA O MESMO COM O CARDÁPIO DE DOCES.

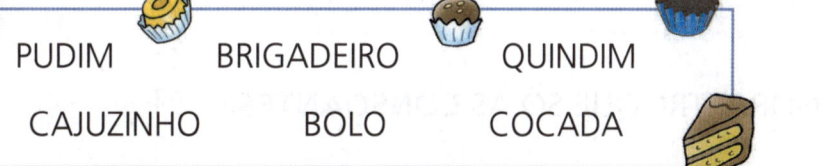

PUDIM   BRIGADEIRO   QUINDIM

CAJUZINHO   BOLO   COCADA

DOCES	

- E O SEU DOCE PREFERIDO, QUAL É? ELE ESTÁ NA LISTA?

5 SE A FESTA FOSSE SUA, QUE SALGADOS E DOCES VOCÊ GOSTARIA QUE TIVESSE?

- CONVERSE COM UM COLEGA SOBRE COMO SERIA SEU EVENTO E OUÇA AS IDEIAS QUE ELE TEVE.

DIVERSÃO EM PALAVRAS

1 TROQUE UMA OU AS DUAS **VOGAIS** PARA FORMAR OUTRAS PALAVRAS.

FOGO

| F___G___ | F___G___ |
| F___G___ | F___G___ |

RATO

| R___T___ | R___T___ |
| R___T___ | R___T___ |

2 AGORA, TROQUE SÓ AS **CONSOANTES**.

BOLA

| ___O___A | ___O___A |
| ___O___A | ___O___A |

CASA

| ___A___A | ___A___A |
| ___A___A | ___A___A |

UNIDADE 1

CONHECENDO OUTROS TEXTOS

OBSERVE A IMAGEM ABAIXO.

1. SOBRE O QUE A IMAGEM TRATA?

   A) QUEM ESTÁ SENDO CONVIDADO? ....

   B) QUEM ESTÁ CONVIDANDO? ....

   C) EM QUE LOCAL A FESTA VAI ACONTECER?

   ....

   ....

   D) QUAL É O HORÁRIO DA FESTA?

2. JÁ CONVIDARAM VOCÊ PARA UM EVENTO ASSIM OU VOCÊ CONHECE ALGUÉM QUE JÁ TENHA SIDO CONVIDADO? CONTE A UM COLEGA.

CIRCULE NO CALENDÁRIO O NOME DO MÊS EM QUE A FESTA DA CACHORRINHA LILA VAI ACONTECER. DEPOIS, PINTE O DIA.

2019

JANEIRO

SEG	TER	QUA	QUI	SEX	SÁB	DOM
	1	2	3	4	5	6
7	8	9	10	11	12	13
14	15	16	17	18	19	20
21	22	23	24	25	26	27
28	29	30	31			

FEVEREIRO

SEG	TER	QUA	QUI	SEX	SÁB	DOM
				1	2	3
4	5	6	7	8	9	10
11	12	13	14	15	16	17
18	19	20	21	22	23	24
25	26	27	28			

MARÇO

SEG	TER	QUA	QUI	SEX	SÁB	DOM
				1	2	3
4	5	6	7	8	9	10
11	12	13	14	15	16	17
18	19	20	21	22	23	24
25	26	27	28	29	30	31

ABRIL

SEG	TER	QUA	QUI	SEX	SÁB	DOM
1	2	3	4	5	6	7
8	9	10	11	12	13	14
15	16	17	18	19	20	21
22	23	24	25	26	27	28
29	30					

MAIO

SEG	TER	QUA	QUI	SEX	SÁB	DOM
		1	2	3	4	5
6	7	8	9	10	11	12
13	14	15	16	17	18	19
20	21	22	23	24	25	26
27	28	29	30	31		

JUNHO

SEG	TER	QUA	QUI	SEX	SÁB	DOM
					1	2
3	4	5	6	7	8	9
10	11	12	13	14	15	16
17	18	19	20	21	22	23
24	25	26	27	28	29	30

JULHO

SEG	TER	QUA	QUI	SEX	SÁB	DOM
1	2	3	4	5	6	7
8	9	10	11	12	13	14
15	16	17	18	19	20	21
22	23	24	25	26	27	28
29	30	31				

AGOSTO

SEG	TER	QUA	QUI	SEX	SÁB	DOM
			1	2	3	4
5	6	7	8	9	10	11
12	13	14	15	16	17	18
19	20	21	22	23	24	25
26	27	28	29	30	31	

SETEMBRO

SEG	TER	QUA	QUI	SEX	SÁB	DOM
						1
2	3	4	5	6	7	8
9	10	11	12	13	14	15
16	17	18	19	20	21	22
23	24	25	26	27	28	29
30						

OUTUBRO

SEG	TER	QUA	QUI	SEX	SÁB	DOM
	1	2	3	4	5	6
7	8	9	10	11	12	13
14	15	16	17	18	19	20
21	22	23	24	25	26	27
28	29	30	31			

NOVEMBRO

SEG	TER	QUA	QUI	SEX	SÁB	DOM
				1	2	3
4	5	6	7	8	9	10
11	12	13	14	15	16	17
18	19	20	21	22	23	24
25	26	27	28	29	30	

DEZEMBRO

SEG	TER	QUA	QUI	SEX	SÁB	DOM
						1
2	3	4	5	6	7	8
9	10	11	12	13	14	15
16	17	18	19	20	21	22
23	24	25	26	27	28	29
30	31					

ENTRE LINHAS E IDEIAS

VAMOS CRIAR UM CONVITE PARA CHAMAR OS ALUNOS DE OUTRA SALA PARA A FESTA DOS ANIVERSARIANTES DO MÊS DA SUA TURMA?

1. **PLANEJAMENTO**

   A) PENSE NA ORGANIZAÇÃO DO CONVITE. PARA ISSO, USE ESTE QUADRO.

QUAL É O MOTIVO DO CONVITE?	
QUEM ESTÁ SENDO CONVIDADO?	
QUEM CONVIDA?	
DATA, HORÁRIO E LOCAL	

   B) COM A AJUDA DO PROFESSOR, DESTAQUE E DOBRE O CONVITE DA FICHA 4 DO **MATERIAL COMPLEMENTAR**.

   C) IMAGINE ONDE VOCÊ VAI ESCREVER CADA INFORMAÇÃO DO CONVITE E COMO VAI ENFEITÁ-LO.

2. **PRIMEIRA VERSÃO**

   - EM UMA FOLHA À PARTE, FAÇA UM RASCUNHO DO TEXTO. NÃO SE ESQUEÇA DE COLOCAR TODAS AS INFORMAÇÕES QUE VOCÊ PLANEJOU E DE PENSAR NO ESPAÇO QUE TERÁ PARA INSERI-LAS. PEÇA A AJUDA DO PROFESSOR, SE NECESSÁRIO.

3. REVISÃO

A) REVISE SEU RASCUNHO PARA VERIFICAR SE NELE HÁ TODAS AS INFORMAÇÕES DO CONVITE. PARA ISSO, VOCÊ PODE CONSULTAR O QUADRO DO PLANEJAMENTO.

B) PEÇA A UM COLEGA QUE LEIA SEU TEXTO E DÊ IDEIAS DE COMO MELHORÁ-LO E CORRIGI-LO, SE FOR NECESSÁRIO.

C) LEIA O CONVITE DO COLEGA E FAÇA O MESMO. SE VOCÊ IDENTIFICAR ALGUM ERRO, EXPLIQUE-O PARA ELE E PERGUNTE SE ENTENDEU. SE FOR NECESSÁRIO, CONSULTE O PROFESSOR.

4. VERSÃO FINAL

A) PASSE A LIMPO A SUA PRODUÇÃO NO CONVITE QUE VOCÊ DESTACOU DO **MATERIAL COMPLEMENTAR** E ILUSTRE-O. VOCÊ PODE USAR LÁPIS DE COR OU COLAR IMAGENS RECORTADAS DE REVISTAS QUE COMBINEM COM O TEMA DO EVENTO.

B) O CONVITE FICOU COMO VOCÊ PLANEJOU? ACERTE OS ÚLTIMOS DETALHES.

C) QUANDO TODOS OS COLEGAS TIVEREM TERMINADO, CADA ALUNO DA SALA ENTREGARÁ SEU CONVITE PARA UM ALUNO DA SALA CONVIDADA.

■ PRATICANDO A FALA E A ESCUTA

MUITAS VEZES, QUANDO NÃO É POSSÍVEL ENTREGAR A ALGUÉM UM CONVITE POR ESCRITO OU CONVIDAR PESSOALMENTE, PODEMOS USAR O TELEFONE.

QUE TAL CONVIDAR UM COLEGA POR TELEFONE PARA FAZER JUNTOS UM DESTES PROGRAMAS OU OUTRO QUE ACHAREM MAIS INTERESSANTE?

- ASSISTIR A UM FILME.
- FAZER LIÇÃO DE CASA.
- BRINCAR UM NA CASA DO OUTRO.

1. **PLANEJAMENTO**

    A) PARA FAZER O CONVITE, É PRECISO PENSAR NAS PRINCIPAIS INFORMAÇÕES E PLANEJAR A FALA PARA NÃO SE ESQUECER DE NENHUM DADO IMPORTANTE, COMO:

    B) ANTES, COMBINE COM SEUS FAMILIARES QUAL SERÁ A ATIVIDADE QUE FARÃO. OS FAMILIARES DO COLEGA TAMBÉM DEVERÃO AJUDAR NA ESCOLHA DA ATIVIDADE.

    C) TENHA O NÚMERO DO TELEFONE DO COLEGA À MÃO. É IMPORTANTE QUE UM ADULTO ESTEJA COM VOCÊ PARA AJUDÁ-LO. AO FAZER A LIGAÇÃO, VOCÊ PODERÁ SEGUIR ESTES PASSOS:

    - CUMPRIMENTE A PESSOA QUE ATENDER AO TELEFONE E APRESENTE-SE. CASO NÃO TENHA SIDO SEU COLEGA QUE TENHA ATENDIDO, PEÇA QUE FAÇA O FAVOR DE CHAMÁ-LO.
    - SE A PESSOA QUE ATENDEU FOR UM ADULTO COM O QUAL NÃO TENHA MUITO CONTATO, LEMBRE-SE DE UTILIZAR UM TRATAMENTO ADEQUADO CHAMANDO-O DE **SENHOR/SENHORA** EM LUGAR DE **VOCÊ**.
    - FAÇA O CONVITE, LEMBRANDO-SE DE PASSAR TODAS AS INFORMAÇÕES, DEPENDENDO DA ATIVIDADE ESCOLHIDA, COMO: O QUE VÃO FAZER, SE LEVARÃO MATERIAL ESCOLAR OU ALGUM BRINQUEDO, O FILME A QUE ASSISTIRÃO, ETC.

2. ENSAIO

A) PARA SENTIR MAIS SEGURANÇA NO MOMENTO DE FAZER O CONVITE, CHAME UM ADULTO QUE MORE COM VOCÊ PARA ENSAIAR A LIGAÇÃO.

B) ANTES DE TELEFONAR, TENHA EM MÃOS O QUE VOCÊ VAI DIZER. SE QUISER, ANOTE EM UMA FOLHA À PARTE PARA LHE SERVIR DE APOIO.

3. CONVITE

- LIGUE PARA O COLEGA E DIGA TUDO O QUE PLANEJOU. SE HOUVER OUTRO ASSUNTO QUE QUEIRA FALAR, APROVEITE A OPORTUNIDADE E CONVERSE COM ELE.

4. AVALIAÇÃO

- COMO VOCÊ SE SENTIU AO TELEFONAR PARA O AMIGO PARA LHE FAZER UM CONVITE?
- VOCÊ CONSEGUIU FALAR TUDO CONFORME O PLANEJADO OU FEZ ALGO DE MODO DIFERENTE?
- CASO ALGO TENHA SIDO FEITO DIFERENTE, O RESULTADO FOI O MESMO?
- VOCÊ UTILIZOU UM TRATAMENTO ADEQUADO (SENHOR/SENHORA) CASO TENHA SIDO ATENDIDO POR UM ADULTO COM O QUAL NÃO TENHA INTIMIDADE?
- VOCÊ SENTE SEGURANÇA PARA FAZER UM CONVITE A ALGUÉM?

AUTOAVALIAÇÃO

COMO FOI SEU APRENDIZADO NESTA UNIDADE?
REFLITA SOBRE ESTAS PERGUNTAS.
DEPOIS, MARQUE UM **X** NA OPÇÃO QUE
MELHOR REPRESENTA SEU DESEMPENHO.

1. EU CONSIGO LER E ENTENDER CONVITES?			
2. EU SEI FAZER CONVITES POR ESCRITO?			
3. EU SEI FAZER CONVITES ORALMENTE?			
4. EU MEMORIZEI A ORDEM DAS LETRAS NO ALFABETO?			
5. EU RECONHEÇO AS LETRAS CONSOANTES E AS VOGAIS?			
6. EU SEPARO CORRETAMENTE AS PALAVRAS DE UM CONJUNTO DE PALAVRAS E DE FRASES?			

SUGESTÕES

PARA LER

- *LÚCIA JÁ-VOU-INDO*, DE MARIA HELOÍSA PENTEADO. SÃO PAULO: ÁTICA, 2011.

  A LESMA LÚCIA FAZ TUDO BEM DEVAGARINHO E SEMPRE CHEGA ATRASADA NOS LUGARES. MAS, QUANDO RECEBEU O CONVITE PARA A FESTA DA LIBÉLULA, DECIDIU QUE DAQUELA VEZ SERIA DIFERENTE!

- *O CONVITE*, DE MÔNICA MELO. SÃO PAULO: SESI-SP EDITORA, 2013.

  O LIVRO CONTA A HISTÓRIA DO MENINO WANG LI, QUE CONVIDA UM DRAGÃO PARA SEU ANIVERSÁRIO DE 10 ANOS. OS ADULTOS ESTÃO COM MEDO DESSA HISTÓRIA DE CONVIDAR UM DRAGÃO E WANG LI NÃO ENTENDE POR QUÊ.

UNIDADE 2

VAMOS AO TEATRO?

NESTA UNIDADE, VOCÊ VAI:

- ACOMPANHAR A LEITURA DE UM TEXTO TEATRAL.
- ORGANIZAR PALAVRAS EM ORDEM ALFABÉTICA.
- IDENTIFICAR E SEPARAR AS SÍLABAS DAS PALAVRAS.
- REFLETIR SOBRE O SOM E A ESCRITA DE PALAVRAS COM AS LETRAS **P** E **B**.
- ESCREVER UMA CONTINUAÇÃO PARA UM TEXTO TEATRAL.
- CRIAR E REPRESENTAR UMA CENA DE IMPROVISO.

OBSERVE A IMAGEM AO LADO E CONVERSE COM OS COLEGAS.

1. O QUE VOCÊ VÊ NA IMAGEM?
2. COMO AS PESSOAS ESTÃO VESTIDAS? EM SUA OPINIÃO, POR QUE ELAS SE VESTEM ASSIM?
3. O QUE VOCÊ IMAGINA QUE ESTÁ ACONTECENDO NA CENA RETRATADA?
4. VOCÊ JÁ VIU ALGUMA CENA PARECIDA COM ESTA PESSOALMENTE? CONTE PARA OS COLEGAS.

PARTICIPE DO **TRABALHO EM EQUIPE** NO FINAL DA UNIDADE!

TEXTO TEATRAL

1. VOCÊ JÁ ASSISTIU A UMA PEÇA DE TEATRO? SE SIM, CONTE A UM COLEGA COMO FOI, QUANDO E ONDE ISSO ACONTECEU.

2. VOCÊ JÁ PARTICIPOU DE UMA ENCENAÇÃO DE PEÇA TEATRAL NA ESCOLA OU EM OUTRO LUGAR? SE JÁ PARTICIPOU, CONTE AOS COLEGAS O QUE ACHOU DESSA EXPERIÊNCIA.

   - SE NÃO, GOSTARIA DE PARTICIPAR DE UMA PEÇA TEATRAL? ONDE? QUEM VOCÊ CONVIDARIA PARA ASSISTIR À APRESENTAÇÃO?

3. OBSERVE ALGUNS ELEMENTOS QUE FAZEM PARTE DE UMA PEÇA TEATRAL. DEPOIS, LIGUE AS PALAVRAS ÀS IMAGENS CORRESPONDENTES.

FIGURINO

ATOR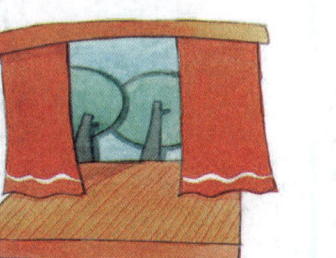

CENÁRIO

Ilustrações: Cris Eich/Arquivo da editora

CONHECENDO O TEXTO

O TEXTO A SEGUIR É UM TRECHO DO TEXTO TEATRAL "O RAPTO DAS CEBOLINHAS", DE MARIA CLARA MACHADO. ESCUTE E ACOMPANHE A LEITURA DO PROFESSOR.

O RAPTO DAS CEBOLINHAS

[...]

PERSONAGENS
O CORONEL
MANECO, NETO DO CORONEL
LÚCIA, NETA DO CORONEL
GASPAR, O CACHORRO
FLORÍPEDES, A GATINHA
SIMEÃO, O BURRO
CAMALEÃO ALFACE, O DETETIVE
O MÉDICO

CENÁRIO ÚNICO

O CENÁRIO REPRESENTA A HORTA DO CORONEL.
SÃO VISTOS TRÊS PEZINHOS DE PLANTA. GIRASSÓIS. À FRENTE DA HORTA, UMA CERCA BEM BAIXINHA. UM ESPANTALHO. UMA ÁRVORE. UM BANCO NA FRENTE DA ÁRVORE.
UMA CASA DE CACHORRO NO **PROSCÊNIO** À DIREITA.

PROSCÊNIO: PALCO.
ANCINHO: FERRAMENTA USADA PARA PREPARAR A TERRA PARA O PLANTIO.

PRIMEIRA CENA

É MADRUGADA. VÊ-SE PASSAR PELA CENA UMA FIGURA ENVOLTA NUMA CAPA PRETA, COM UM GRANDE CHAPÉU. (OS PASSOS DEVEM SER ACOMPANHADOS DO BARULHO DE LIXA RASPANDO, RECO-RECO E PENTE DE ARAME NUM TAMBOR.) OLHA PARA TODOS OS LADOS, PENETRA PELA PORTEIRA DA CERCA, OLHA DE NOVO PARA TODOS OS LADOS, PROCURA NO CHÃO, DESCOBRE O QUE QUERIA, FAZ O GESTO DE ARRANCAR, COBRE O QUE ARRANCOU COM A CAPA E, PULANDO A CERCA, DESAPARECE DE CENA, SEMPRE ESCONDENDO O ROSTO. PAUSA. COMEÇA A CLAREAR, OUVEM-SE O GALO CANTAR E PASSARINHOS. O CORONEL ENTRA ASSOBIANDO ALEGREMENTE, CARREGANDO **ANCINHO** E REGADOR. ENTRA NA HORTA, PARA E GRITA.

CORONEL ROUBARAM! SOCORRO! SOCORRO! ROUBARAM O PÉ DE CEBOLINHA DO CORONEL FELÍCIO. ROUBARAM! (*PAUSA.*) QUEM TERÁ SIDO? QUEM TEVE CORAGEM DE ROUBAR O PÉ DA MAIS PRECIOSA CEBOLINHA QUE EXISTE NO BRASIL? ONDE ESTÁ O GASPAR? (*À PARTE.*) GASPAR É O VIGIA DA HORTA. (*CHAMANDO.*) GASPAR! GASPAR!...

OUVE-SE UM LATIDO, E EM SEGUIDA APARECE GASPAR, UM ENORME CACHORRÃO.

CORONEL GASPAR, QUEM ROUBOU O MEU PÉ DE CEBOLINHA?

GASPAR (*QUE NÃO FALA, MAS LATE COM EXPRESSÃO HUMANA, DANDO AS* **INFLEXÕES** *NECESSÁRIAS.*) UAU... UAU... (*CORRE ATÉ OS ÚLTIMOS PÉS DE CEBOLINHA E CHEIRA-OS RUIDOSAMENTE.*)

CORONEL FOI VOCÊ QUEM COMEU A MINHA CEBOLINHA?

GASPAR LATE QUE NÃO.

CORONEL PALAVRA DE CACHORRO?

GASPAR LATE QUE SIM.

CORONEL (*À PARTE.*) ESTOU NA DÚVIDA SE CACHORRO TEM OU NÃO TEM PALAVRA. (*PARA GASPAR.*) ENTÃO QUEM FOI?

GASPAR (*MEIO APAVORADO.*) UAU... UAU... (*INDICA A DIREITA COM O FOCINHO.*)

CORONEL FOI FLORÍPEDES?

GASPAR UAU... UAU... (*DIZ QUE NÃO.*)

CORONEL FOI SIMEÃO?

GASPAR AU... AU... (*DIZ QUE NÃO.*)

CORONEL GASPAR, VÁ CORRENDO CHAMAR FLORÍPEDES E SIMEÃO. QUERO TODO MUNDO AQUI.

SAI GASPAR.

CORONEL AH! PRECISO DESCOBRIR O LADRÃO. QUEM TERIA A CORAGEM DE FAZER UMA COISA DESTAS? (*CHAMANDO.*) LÚCIA, MANECO! ONDE ESTÃO OS MEUS NETOS? MANECO, ANDA CÁ, SEU **MAROTO**. LÚCIA, ACORDA, MENINA. O AVÔ FOI ROUBADO!

ENTRAM LÚCIA E MANECO, AFLITOS.

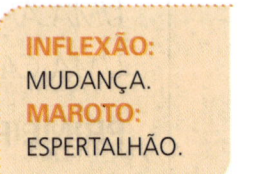

INFLEXÃO: MUDANÇA.
MAROTO: ESPERTALHÃO.

MANECO	VOCÊ CHAMOU, VOVÔ?
LÚCIA	O QUE É QUE ACONTECEU, QUE VOCÊ ESTÁ TÃO NERVOSO, HEM, VOVÔ?
CORONEL	VOCÊS NÃO PODEM IMAGINAR O QUE ACONTECEU!
MANECO	DE RUIM OU DE BOM?
CORONEL	DE PÉSSIMO, ORA!
MANECO	APOSTO QUE O SEU REUMATISMO DOEU A NOITE INTEIRA.

CORONEL DIZ QUE NÃO COM A CABEÇA.

LÚCIA	MORREU A VACA LEITEIRA?
CORONEL	(*QUASE GEMENDO.*) NADA DISSO, NADA DISSO.
MANECO	ENTÃO O QUE FOI?
CORONEL	AI... AI... AI...
MANECO	O PÉ DE TOMATE SECOU?
CORONEL	NÃO.
LÚCIA	O TACHO DE MELADO QUEBROU?
CORONEL	NÃO.
MANECO	O BEZERRO PRETO DESMAMOU?
CORONEL	NÃO.
LÚCIA	E A VACA MALHADA **DESMANDOU**...
CORONEL	NÃO.
MANECO	A ÁGUA DO POÇO VAZOU?
CORONEL	NÃO.
LÚCIA	E A HORTA INUNDOU...

> **DESMANDAR:** DESANDAR, PERDER O CONTROLE.

O DIÁLOGO É BEM RÁPIDO, E AS CRIANÇAS QUASE NÃO DEIXAM O CORONEL DIZER NÃO.

CORONEL	NADA DISSO, NADA DISSO; ANTES FOSSE. OLHEM LÁ DENTRO. *APONTA PARA DENTRO DA CERCA. OS DOIS MENINOS ENTRAM NO CERCADO.*
MANECO	OH!
LÚCIA	QUE HORROR! POBRE VOVÔ! (*PARA A PLATEIA.*) ARRANCARAM O PÉ DE CEBOLINHA. (*PARA O AVÔ.*) QUEM FOI?
MANECO	QUEM FOI O LADRÃO, HEM, VOVÔ?
CORONEL	NÃO SEI AINDA. TEMOS QUE DESCOBRIR. AINDA FICARAM DOIS PÉS. OS ÚLTIMOS. (*CHORANDO.*) AI, MEU DEUS! ESTOU TÃO **ABAFADO** QUE NEM POSSO PENSAR DIREITO. DOIS ANOS CRIANDO ESSAS CEBOLINHAS, E AGORA...

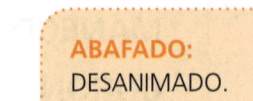

ABAFADO: DESANIMADO.

LÚCIA	FIQUE MAIS CALMO, VOVÔ. NÃO SE AMOLE TANTO. MANDAREMOS VIR OUTRAS MUDAS IGUAIS E ELAS VÃO CRESCER QUE NEM CAPIM.
CORONEL	(*INDIGNADO.*) LÚCIA, MINHA NETA, NÃO TORNE A DIZER ESSE ABSURDO. VOCÊ SABE MUITO BEM QUE ESTAS CEBOLINHAS SÃO DIFERENTES. SÃO CEBOLINHAS DA ÍNDIA. QUEM TOMA CHÁ DESSAS CEBOLINHAS TEM VIDA LONGA E ALEGRIA! E ESTAS SÃO AS ÚLTIMAS QUE EXISTEM NO BRASIL...
MANECO	(*INTERROMPENDO.*) FALE MAIS BAIXO, VOVÔ. VOCÊ QUER QUE OUTROS LADRÕES APAREÇAM PARA ROUBAR AS DUAS QUE SOBRARAM?
CORONEL	É MESMO, MEU FILHO. TODO O CUIDADO AGORA É POUCO. IREI ATÉ A CIDADE CONTRATAR UM DETETIVE PARA DESCOBRIR O LADRÃO. PRESTEM BEM ATENÇÃO NO PESSOAL DAQUI. TODO MUNDO É SUSPEITO. VOU ME VESTIR E JÁ VOLTO. (*SAI.*)
MANECO	POBRE DO VELHO. QUEM TERIA SIDO O LADRÃO?

OUVE-SE UM MIADO, UM RELINCHO E UM LATIDO, E EM SEGUIDA ENTRAM OS BICHOS.

MANECO	AÍ VÊM OS BICHOS. FLORÍPEDES, VENHA CÁ.

ELA SE APROXIMA DE MANECO, DENGOSA.

MANECO   FOI VOCÊ QUEM ROUBOU AS CEBOLINHAS DO VOVÔ?

FLORÍPEDES, ASSUSTADA, VAI ATÉ O CANTEIRO, OLHA, MIA, VOLTA PARA JUNTO DE SIMEÃO E, MIANDO COM **CONVICÇÃO**, *FAZ QUE NÃO, OFENDIDA, COMO DIZENDO: "ISSO É PERGUNTA QUE SE FAÇA?".*

MANECO   SIMEÃO, VENHA CÁ.

SIMEÃO SE APROXIMA COM MEDO.

MANECO   FOI VOCÊ QUEM ROUBOU AS CEBOLINHAS DO VOVÔ?

SIMEÃO   (*COM RECEIO*) HIIIIII. (*FAZ QUE NÃO.*)

MANECO   MAS VOCÊS DORMEM AQUI FORA. DEVEM TER VISTO ALGUMA COISA DURANTE A NOITE.

A GATINHA E O BURRO DÃO MIADOS E RELINCHOS **SIGNIFICATIVOS** *DE QUE VIRAM ALGUMA COISA, SIM.*

MANECO   ENTÃO VIRAM O LADRÃO? (*MIAM E RELINCHAM QUE SIM.*) COMO ERA ELE? (*OS DOIS SE OLHAM UM POUCO, E DEPOIS PASSAM PELA CENA IMITANDO O ANDAR DO LADRÃO.*) QUE ANDAR MAIS ESQUISITO. E VOCÊ, GASPAR, NÃO VIU NADA? NÃO VIGIOU A HORTA DURANTE A NOITE, COMO ERA O SEU DEVER? (*GASPAR ABAIXA A CABEÇA.*)

LÚCIA   VAMOS, GASPAR, EXPLIQUE-SE. É PARA O SEU PRÓPRIO BEM. ONDE É QUE VOCÊ PASSOU A NOITE?

GASPAR INDICA QUE PASSOU A NOITE NA SUA CASINHA. ENTRA NA CASA.

MANECO   E NÃO VIU NADA? NINGUÉM ENTRAR?

GASPAR   UAU... UAU... UAU... (*FAZ QUE NÃO, E MOSTRA QUE ESTAVA DORMINDO.*)

[...]

CONVICÇÃO: CERTEZA.
SIGNIFICATIVO: IMPORTANTE.

MARIA CLARA MACHADO. *A BRUXINHA QUE ERA BOA E O RAPTO DAS CEBOLINHAS.* SÃO PAULO: COMPANHIA DAS LETRINHAS, 2001. P. 67-78.

1 **LEIA AS PERGUNTAS A SEGUIR E ASSINALE A RESPOSTA CORRETA.**

A) QUAL PERSONAGEM É A DONA DA PLANTAÇÃO DE CEBOLINHAS?

☐ O MANECO.   ☐ A GATA FLORÍPEDES.   ☐ O CORONEL.

B) QUEM DEVERIA VIGIAR A HORTA ONDE ESTAVAM AS CEBOLINHAS?

☐ LÚCIA, A NETA DO CORONEL.   ☐ GASPAR, O CACHORRO.

2 **RELEIA ESTE DIÁLOGO E OBSERVE O TRECHO DESTACADO.**

> **LÚCIA** FIQUE MAIS CALMO, VOVÔ. NÃO SE AMOLE TANTO. MANDAREMOS VIR OUTRAS MUDAS IGUAIS E ELAS VÃO CRESCER QUE NEM CAPIM.
>
> **CORONEL** *(INDIGNADO.)* LÚCIA, MINHA NETA, NÃO TORNE A DIZER ESSE ABSURDO. VOCÊ SABE MUITO BEM QUE ESTAS CEBOLINHAS SÃO DIFERENTES. SÃO CEBOLINHAS DA ÍNDIA. QUEM TOMA CHÁ DESSAS CEBOLINHAS TEM VIDA LONGA E ALEGRIA! E ESTAS SÃO AS ÚLTIMAS QUE EXISTEM NO BRASIL...

A) QUAL É O SIGNIFICADO DA PALAVRA **INDIGNADO**?

☐ ALEGRE   ☐ FURIOSO

B) O QUE O TRECHO DESTACADO INFORMA?

☐ COMO A PERSONAGEM ESTÁ SE SENTINDO E DEVE ATUAR EM CENA.

☐ COMO O LEITOR VAI SE SENTIR AO LER A CENA.

3 NO TEXTO, AS PERSONAGENS CONVERSAM ENTRE SI. COMO É POSSÍVEL SABER A QUEM PERTENCE CADA FALA? CONVERSE COM OS COLEGAS E O PROFESSOR.

4 O TEXTO TEATRAL É ESCRITO PARA SER ENCENADO. MARQUE AS ALTERNATIVAS QUE INDICAM QUE O TEXTO "O RAPTO DAS CEBOLINHAS" PODE SER ENCENADO.

- [ ] O TEXTO É ESCRITO EM FORMA DE DIÁLOGOS E APRESENTA O NOME DA PERSONAGEM QUE FALA.
- [ ] O TEXTO APRESENTA ANIMAIS QUE TÊM ATITUDES HUMANAS.
- [ ] HÁ INFORMAÇÕES SOBRE AS EXPRESSÕES E O COMPORTAMENTO DAS PERSONAGENS E TAMBÉM SOBRE O CENÁRIO.
- [ ] A HISTÓRIA SE PASSA EM UM LUGAR ONDE HÁ UMA HORTA.

5 NO TEXTO, AS PERSONAGENS DEMONSTRAM SENTIMENTOS E COMPORTAMENTOS. IDENTIFIQUE A PALAVRA QUE CARACTERIZA CADA PERSONAGEM E FAÇA A CORRESPONDÊNCIA.

DICA: PARA DESCOBRIR, PROCURE NO TEXTO AS PARTES EM QUE AS PERSONAGENS TÊM ESSES COMPORTAMENTOS.

CORONEL

FLORÍPEDES

SIMEÃO

DENGOSA

MEDROSO

INDIGNADO

DIVERSÃO EM PALAVRAS

1 ENCONTRE NO DIAGRAMA O NOME DE ALGUMAS PERSONAGENS DO TEXTO TEATRAL "O RAPTO DAS CEBOLINHAS".

C	O	R	O	N	E	L	P	G	T	L
I	P	G	A	S	P	A	R	A	I	Ú
G	S	D	L	I	W	O	T	P	H	C
R	U	W	L	M	Y	A	W	D	O	I
F	L	O	R	Í	P	E	D	E	S	A

A) AGORA, ORGANIZE ESSES NOMES EM ORDEM ALFABÉTICA NA COLUNA "PERSONAGENS" DO QUADRO ABAIXO.

PERSONAGENS	COLEGAS DA TURMA

B) SE HOUVER UM COLEGA DA TURMA COM UM NOME QUE COMECE COM A MESMA LETRA DO NOME ESCRITO NA COLUNA DA ESQUERDA, ESCREVA O NOME DELE NA COLUNA DA DIREITA.

2 LEIA OS NOMES A SEGUIR E CONVERSE COM OS COLEGAS: COMO VOCÊ FARIA PARA ORGANIZÁ-LOS EM ORDEM ALFABÉTICA?

LÚCIO   LÚCIA

UNIDADE 2

REFLETINDO SOBRE A LÍNGUA

1 TROQUE A PARTE DESTACADA DAS PALAVRAS E FORME OUTRAS.

GATO   **MA**LA   BO**LA**

.... TO   .... LA   BO ....

.... TO   .... LA   BO ....

.... TO   .... LA   BO ....

2 LEIA EM VOZ ALTA A PALAVRA A SEGUIR E OBSERVE QUANTAS VEZES VOCÊ MOVIMENTA A BOCA AO PRONUNCIÁ-LA.

CEBOLINHA

- COMO ESSA PALAVRA SE DIVIDIU AO SER PRONUNCIADA?

☐ CEBO-LI-NHA   ☐ CEBO-LINHA   ☐ CE-BO-LI-NHA

3 LEIA AS PALAVRAS DO QUADRO EM VOZ ALTA, PRONUNCIANDO-AS BEM DEVAGAR. DEPOIS, COMPLETE O QUADRO COM AS INFORMAÇÕES QUE FALTAM.

PALAVRAS	QUANTAS VEZES VOCÊ MOVIMENTOU A BOCA PARA FALAR?	COMO AS PALAVRAS SE DIVIDIRAM?
HORTA	2	HOR-TA
GATA		
CIDADE		
NETOS		
TOMATE		

- COMPARE SEU QUADRO COM O DE UM COLEGA.

QUANDO FALAMOS UMA PALAVRA, ELA SE DIVIDE EM PARTES. CADA UMA DESSAS PARTES É CHAMADA DE **SÍLABA**.

4 LEIA O NOME DE ALGUMAS PERSONAGENS DO TEXTO E SEPARE ESSES NOMES EM SÍLABAS.

A) LÚCIA

B) CORONEL

C) GASPAR

D) MANECO

E) FLORÍPEDES

5 PINTE AS SÍLABAS QUE FORMAM O NOME DE CADA FIGURA.

DE	DO	A	DU	CA

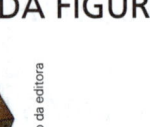

TO	CO	ES	VA	VE

SA	BE	TO	PA	PE

SOU	TA	RA	XI	TE

DA	LÂM	TA	PA	LO

■ AGORA, ORGANIZE AS SÍLABAS E ESCREVA AS PALAVRAS. O PROFESSOR PODERÁ AJUDAR.

UNIDADE 2

DESCOBERTAS SOBRE A ESCRITA

1 LEIA EM VOZ ALTA ESTES PARES DE PALAVRAS INICIADOS PELAS LETRAS **P** E **B**.

POTE/BOTE	PATO/BATO
PIA/BIA	PICO/BICO
PANCADA/BANCADA	PICADA/BICADA

■ O QUE VOCÊ PERCEBE AO PRONUNCIAR CADA PAR?

2 COMPLETE AS PALAVRAS A SEGUIR COM **P** OU **B**. DEPOIS, LEIA-AS EM VOZ ALTA.

 .... OLSA

 .... ORTA

 .... ERÇO

 .... ENTE

 .... AM .... U

 .... A .... AGAIO

3 TROQUE A LETRA **P** POR **B** OU A LETRA **B** POR **P** E FORME OUTRAS PALAVRAS.

 POMBA

 .... OMBA

 BINGO

 .... INGO

47

ENTRE LINHAS E IDEIAS

VOCÊ VAI ESCREVER, COM OS COLEGAS E COM A AJUDA DO PROFESSOR, UMA CONTINUAÇÃO PARA O TRECHO DO TEXTO TEATRAL "O RAPTO DAS CEBOLINHAS". DEPOIS, VOCÊS PODERÃO ENCENAR O TEXTO QUE ESCREVERAM PARA MOSTRAR À TURMA O DESFECHO QUE IMAGINARAM. SIGAM ESTAS ORIENTAÇÕES.

1. **PLANEJAMENTO**

    - ORGANIZEM-SE EM GRUPOS E PENSEM COMO SERÁ DESVENDADO O ENIGMA DESSA HISTÓRIA. PARA ISSO, CONVERSEM SOBRE AS QUESTÕES A SEGUIR E ANOTEM EM UMA FOLHA À PARTE AS IDEIAS QUE TIVEREM.

        A) QUEM O CORONEL CHAMOU PARA AJUDÁ-LO A INVESTIGAR O RAPTO DAS CEBOLINHAS?

        B) O QUE O DETETIVE PERGUNTOU PARA GASPAR, FLORÍPEDES E SIMEÃO?

        C) COMO OS ANIMAIS REAGIRAM DURANTE A INVESTIGAÇÃO?

        D) O DETETIVE ENCONTROU ALGUMA PISTA NA HORTA? SE SIM, QUAL?

        E) QUEM AFINAL É O LADRÃO DAS CEBOLINHAS?

        F) COMO SERÁ A ÚLTIMA CENA DA HISTÓRIA?

2. **PRIMEIRA VERSÃO**

    A) AINDA EM UMA FOLHA À PARTE, ESCREVAM AS FALAS DAS PERSONAGENS EM CADA SITUAÇÃO. LEMBREM-SE DE ESCREVER O NOME DELAS ANTES DAS FALAS.

    B) INDIQUEM OS MOVIMENTOS E OS GESTOS DAS PERSONAGENS, COMO ELAS FALAM E QUAL É O SENTIMENTO QUE EXPRESSAM NA CENA. USEM UMA COR DIFERENTE PARA DESTACAR ESSAS INFORMAÇÕES NO TEXTO.

    C) NÃO SE ESQUEÇAM DA PARTICIPAÇÃO DOS ANIMAIS. ELES NÃO FALAM, MAS EMITEM SONS E TRANSMITEM MENSAGENS E SENTIMENTOS.

3. **REVISÃO**
    - COM A AJUDA DO PROFESSOR, REVISEM O TEXTO QUE ESCREVERAM OBSERVANDO OS SEGUINTES ITENS.

    - TODAS AS PERSONAGENS TÊM PELO MENOS UMA FALA?
    - OS ANIMAIS PARTICIPAM DOS DIÁLOGOS MANIFESTANDO-SE CADA UM A SEU MODO?
    - O MISTÉRIO DO RAPTO DAS CEBOLINHAS É DESVENDADO NO FINAL?
    - AS FALAS, OS MOVIMENTOS E OS GESTOS DAS PERSONAGENS FORAM INDICADOS CORRETAMENTE?

4. **VERSÃO FINAL**
    A) APÓS A REVISÃO, ESCREVAM A VERSÃO FINAL DO TEXTO FAZENDO AS CORREÇÕES NECESSÁRIAS.
    B) PARA ENCERRAR, QUE TAL ENCENAR A PARTE FINAL DA HISTÓRIA QUE SEU GRUPO FEZ?
    C) COM O PROFESSOR E COM OS COLEGAS DA TURMA, ORGANIZEM A ENCENAÇÃO DE TODOS OS FINAIS ESCRITOS POR VOCÊS.

VAMOS FALAR SOBRE...

ARTISTAS DE RUA

EM ALGUMAS CIDADES, ARTISTAS SE APRESENTAM NA RUA E EM OUTROS LOCAIS PÚBLICOS.

MÚSICOS, ATORES, PALHAÇOS, MALABARISTAS, ENTRE OUTROS, MOSTRAM SUA ARTE PARA AS PESSOAS QUE ESTÃO DE PASSAGEM.

- CONVERSE COM OS COLEGAS SOBRE ESTAS QUESTÕES.
    A) VOCÊ JÁ VIU ALGUMA APRESENTAÇÃO ARTÍSTICA NA RUA OU EM OUTRO LOCAL PÚBLICO DA CIDADE? QUAL? ONDE FOI?
    B) O QUE VOCÊ ACHA DE VER UM ARTISTA SURPREENDER AS PESSOAS NAS RUAS COM SUA ARTE?

■ PRATICANDO A FALA E A ESCUTA

AO LONGO DO TEMPO, O TEATRO TEM SIDO UMA IMPORTANTE FORMA DE EXPRESSÃO ARTÍSTICA. UMA PEÇA TEATRAL PODE COMOVER O PÚBLICO E FAZER AS PESSOAS REFLETIREM SOBRE SUAS ATITUDES.

ASSIM, SITUAÇÕES COMUNS DO DIA A DIA PODEM SER TRANSFORMADAS EM CENAS TEATRAIS QUE PODEM LEVAR O PÚBLICO A PENSAR SOBRE O MODO COMO AS PESSOAS SE COMPORTAM. IMAGINE A SEGUINTE SITUAÇÃO.

JÚLIO FOI ATÉ A CASA DE NINA PARA FAZEREM A TAREFA DA ESCOLA. O TIO DELE IRIA BUSCÁ-LO ÀS TRÊS HORAS DA TARDE. MAS, QUANDO TERMINARAM A LIÇÃO, AINDA FALTAVA MEIA HORA PARA O TIO DE JÚLIO CHEGAR. ENTÃO, OS AMIGOS DECIDIRAM IR JOGAR *VIDEOGAME* NA CASA DE GUSTAVO, QUE FICAVA DO OUTRO LADO DA RUA.

JÚLIO DEVERIA TER AVISADO SEU TIO PARA IR BUSCÁ-LO NA CASA DE GUSTAVO. MAS SE ESQUECEU, CAUSANDO UMA GRANDE CONFUSÃO.

EM GRUPOS DE QUATRO ALUNOS E COM A AJUDA DO PROFESSOR, PREPAREM UMA PEQUENA CENA TEATRAL DE IMPROVISO PARA REPRESENTAR ESSA SITUAÇÃO.

1. **PLANEJAMENTO**

    A) DEFINAM:
    - QUEM SERÁ CADA UMA DAS PERSONAGENS E QUAIS SERÃO SEUS NOMES;
    - COMO É O JEITO DE CADA PERSONAGEM (RESPONSÁVEL, PREOCUPADO, AGITADO, TRANQUILO, ETC.);
    - QUAIS SERÃO AS AÇÕES E AS FALAS DE CADA PERSONAGEM NA CENA;
    - QUAL SERÁ O DESFECHO DESSA SITUAÇÃO.

    B) PENSEM NOS GESTOS E NAS EXPRESSÕES FACIAIS DE CADA PERSONAGEM. E TAMBÉM NOS MOVIMENTOS DO CORPO, NO TOM DE VOZ, NO MODO DE FALAR, ETC.

    C) LEMBREM-SE DE QUE O TIO DE JÚLIO DEVE SER TRATADO DE FORMA ADEQUADA À IDADE DELE.

2. **ENSAIO**

   A) FAÇAM UM ENSAIO DESSA CENA. NÃO SE PREOCUPEM EM DECORAR AS FALAS. O IMPORTANTE É QUE A APRESENTAÇÃO FIQUE CLARA PARA QUEM VAI ASSISTIR A ELA.

   B) UMA DICA É COMBINAR PALAVRAS QUE INDIQUEM PARA O COLEGA O MOMENTO EM QUE ELE DEVE INICIAR A FALA DELE DEPOIS DA SUA.

3. **APRESENTAÇÃO**

   A) FAÇAM A APRESENTAÇÃO NA SALA DE AULA. TODOS OS ALUNOS VÃO ATUAR E ASSISTIR AOS IMPROVISOS DOS COLEGAS.

   B) FALEM EM TOM DE VOZ ALTO PARA QUE TODOS POSSAM ESCUTAR AS FALAS.

   C) ASSISTAM À APRESENTAÇÃO DOS COLEGAS EM SILÊNCIO E COM ATENÇÃO.

   D) AO FINAL DE TODAS AS APRESENTAÇÕES, CONVERSEM COM A TURMA E O PROFESSOR SOBRE AS CENAS A QUE ASSISTIRAM, DO QUE MAIS GOSTARAM NA ATIVIDADE E O QUE APRENDERAM.

4. **AVALIAÇÃO**

   A) ORGANIZEM-SE EM RODA PARA COMENTAR E AVALIAR AS APRESENTAÇÕES DE CADA GRUPO. REFLITAM SOBRE OS SEGUINTES ASPECTOS.

   - A IMPROVISAÇÃO DO GRUPO FOI BEM REALIZADA?
   - O TOM DE VOZ DOS ATORES PERMITIU A COMPREENSÃO DO QUE ACONTECIA NA CENA?
   - A SITUAÇÃO QUE GEROU O PROBLEMA FOI RESOLVIDA DE ALGUM MODO?
   - A IMPROVISAÇÃO FOI CLARA E COMPREENSÍVEL PARA O PÚBLICO?
   - A CENA APRESENTA ALGO IMPORTANTE PARA SER PENSADO SOBRE O COMPORTAMENTO DAS PESSOAS? O QUÊ?

   B) PARA ENCERRAR, REFLITA E DISCUTA COM OS COLEGAS SOBRE A SEGUINTE QUESTÃO: O QUE SE REPRESENTA EM UMA PEÇA TEATRAL PODE ESTIMULAR AS PESSOAS A PENSAR SOBRE SUAS ATITUDES? POR QUÊ?

DIVERSÃO EM PALAVRAS

1 QUE PALAVRAS SÃO ESTAS?

A) ORGANIZE AS SÍLABAS E ESCREVA AS PALAVRAS QUE DESCOBRIR.

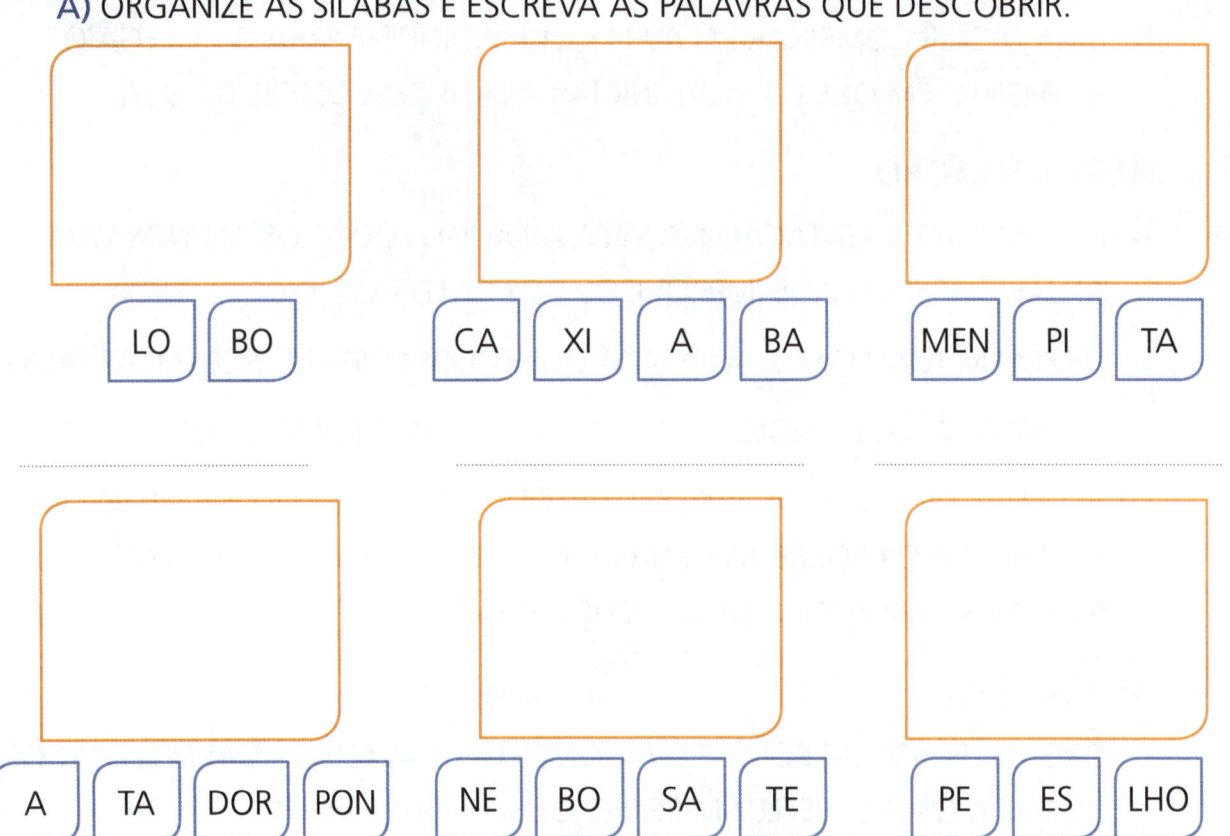

B) AGORA, DESTAQUE AS IMAGENS DA FICHA 5 DO **MATERIAL COMPLEMENTAR**. COLE CADA IMAGEM ACIMA DA PALAVRA QUE A REPRESENTA.

2 QUANTAS SÍLABAS TÊM AS PALAVRAS **BANANA** E **PIPOCA**?

- ESCREVA TRÊS PALAVRAS QUE CONTENHAM **P** OU **B** E QUE TENHAM ESSE MESMO NÚMERO DE SÍLABAS.

UNIDADE 2

AUTOAVALIAÇÃO

COMO FOI SEU APRENDIZADO NESTA UNIDADE? REFLITA SOBRE ESTAS PERGUNTAS.
DEPOIS, MARQUE UM **X** NA OPÇÃO QUE MELHOR REPRESENTA SEU DESEMPENHO.

1. EU CONSIGO ACOMPANHAR A LEITURA DE UM TEXTO TEATRAL?			
2. EU SEI ORGANIZAR PALAVRAS EM ORDEM ALFABÉTICA?			
3. EU CONSIGO IDENTIFICAR AS SÍLABAS DAS PALAVRAS?			
4. EU CONSIGO SEPARAR AS SÍLABAS DAS PALAVRAS?			
5. EU SEI ESCREVER PALAVRAS COM AS LETRAS **P** E **B**?			
6. EU CONSIGO ESCREVER UMA CONTINUAÇÃO PARA UM TEXTO TEATRAL?			
7. EU CONSIGO CRIAR E REPRESENTAR UMA CENA DE IMPROVISO?			

SUGESTÕES

PARA LER

- *ERAM QUATRO VEZES:* COMÉDIA PARA CRIANÇAS DE TODAS AS IDADES, DE FLAVIO DE SOUZA. SÃO PAULO: FTD, 2009.

  VOCÊ JÁ IMAGINOU O QUE FAZIA A MÃE DE CHAPEUZINHO VERMELHO ENQUANTO ELA IA ENTREGAR DOCES NA CASA DA VOVÓ? LEIA E DIVIRTA-SE!

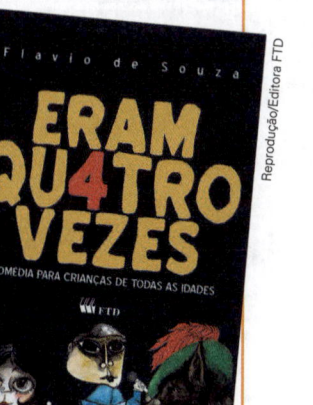

PARA ASSISTIR

- *O RAPTO DAS CEBOLINHAS*, DIREÇÃO DE ANTONIO CARLOS DA FONTOURA. RIO DE JANEIRO, 2006, 15 MIN.

  ESSE CURTA-METRAGEM É A ADAPTAÇÃO PARA O CINEMA DO TEXTO TEATRAL ESCRITO POR MARIA CLARA MACHADO. QUE TAL VER "O RAPTO DAS CEBOLINHAS" EM AÇÃO?

TRABALHO EM EQUIPE

MÍMICA

NESTA UNIDADE, VOCÊ CONHECEU UM TEXTO TEATRAL, AJUDOU A ESCREVER UMA CONTINUAÇÃO PARA ELE E A ENCENOU. DEPOIS, PARTICIPOU DA CRIAÇÃO DE UMA CENA DE IMPROVISO PARA REPRESENTÁ-LA.

AGORA, COM OS COLEGAS, VOCÊ VAI EXPLORAR MAIS UMA FORMA DE COMUNICAÇÃO: A MÍMICA.

ETAPAS

1 PENSANDO SOBRE O TEMA

A) VOCÊ SABE O QUE É MÍMICA?

B) O QUE É POSSÍVEL COMUNICAR POR MEIO DA MÍMICA?

C) QUAL É A IMPORTÂNCIA DOS GESTOS E DAS EXPRESSÕES DO ROSTO NA MÍMICA?

2 DESENVOLVENDO O TRABALHO

A) ORGANIZEM-SE EM GRUPOS DE QUATRO OU CINCO ALUNOS.

B) FAÇAM UM "AQUECIMENTO" PARA A MÍMICA. PROCUREM LEMBRAR-SE DE GESTOS USADOS QUANDO SE QUER:

- EXPRESSAR QUE ESTÁ TUDO BEM;
- CUMPRIMENTAR ALGUÉM;
- COMUNICAR "SIM" OU "NÃO";
- PEDIR SILÊNCIO.

C) CADA GRUPO PODE ESCOLHER UM TEMA PARA A MÍMICA:

- FILMES E DESENHOS ANIMADOS;
- LIVROS;
- MÚSICAS.

D) O OBJETIVO É FAZER COM QUE OS DEMAIS GRUPOS ADIVINHEM O QUE VOCÊS ESTÃO DIZENDO POR MEIO DA MÍMICA.

E) ANTES DA APRESENTAÇÃO, ENSAIEM ENTRE VOCÊS. LEMBREM-SE DE QUE NÃO VALE FALAR NENHUMA PALAVRA.

F) NO DIA COMBINADO COM O PROFESSOR, CADA GRUPO VAI APRESENTAR A MÍMICA PARA A TURMA. ANTES DA APRESENTAÇÃO, CONTEM PARA OS COLEGAS QUAL FOI O TEMA ESCOLHIDO PELO GRUPO DE VOCÊS.

G) VOCÊ TAMBÉM VAI TENTAR ADIVINHAR A MÍMICA DOS OUTROS GRUPOS.

Biry Sarkis/Arquivo da editora

3 CONCLUINDO

- COM OS COLEGAS E O PROFESSOR, CONVERSE SOBRE ESTAS QUESTÕES:

  A) OS GRUPOS CONSEGUIRAM EXPRESSAR O QUE QUERIAM POR MEIO DA MÍMICA?

  B) VOCÊS PODERIAM TER SE EXPRESSADO DE OUTRAS FORMAS PARA TRANSMITIR A MENSAGEM? QUAIS?

  C) POR QUE É IMPORTANTE QUE EXISTAM DIFERENTES FORMAS DE COMUNICAÇÃO ENTRE AS PESSOAS?

UNIDADE 3
FAÇA A SUA ESCOLHA

NESTA UNIDADE, VOCÊ VAI:

- LER ANÚNCIOS PUBLICITÁRIOS.
- PERCEBER A RELAÇÃO ENTRE TEXTO ESCRITO E IMAGENS EM ANÚNCIOS PUBLICITÁRIOS.
- CONHECER O ALFABETO COM AS LETRAS MINÚSCULAS.
- CRIAR E APRESENTAR ORALMENTE UM ANÚNCIO PUBLICITÁRIO.
- RELEMBRAR A SEQUÊNCIA DO ALFABETO.
- IDENTIFICAR E ESCREVER PALAVRAS NO DIMINUTIVO.

OBSERVE A IMAGEM AO LADO E CONVERSE COM OS COLEGAS E O PROFESSOR.

1. DESCREVA O QUE VOCÊ VÊ NA IMAGEM SEM LER O TEXTO.

2. AGORA, COM A AJUDA DO PROFESSOR, LEIA O TEXTO EM VERDE. REVEJA A IMAGEM E DIGA O QUE ELA MOSTRA.

3. VOCÊ ACHA QUE A IMAGEM E O TEXTO SE COMPLEMENTAM? POR QUÊ?

4. VOCÊ SABE O QUE É TRABALHO INFANTIL?

5. POR QUE O TEXTO AFIRMA QUE, COM O TRABALHO INFANTIL, A INFÂNCIA DESAPARECE?

ANÚNCIO PUBLICITÁRIO

1) VOCÊ SABE O QUE É UM **ANÚNCIO PUBLICITÁRIO**? O QUE VEM À SUA CABEÇA AO OUVIR ESSA EXPRESSÃO? CONVERSE COM OS COLEGAS E O PROFESSOR.

2) EM SUA OPINIÃO, PARA QUE SERVE UM ANÚNCIO PUBLICITÁRIO?

3) FAÇA UM DESENHO DE COMO VOCÊ ACHA QUE É UM ANÚNCIO PUBLICITÁRIO.

■ CONHECENDO O TEXTO

COM A AJUDA DO PROFESSOR, LEIA ESTE ANÚNCIO.

1 VOCÊ JÁ VIU ALGUM ANÚNCIO PARECIDO COM ESSE? ONDE? CONVERSE COM OS COLEGAS.

2 ESSE ANÚNCIO É COMPOSTO:

☐ APENAS DE FOTOGRAFIA.

☐ APENAS DE ILUSTRAÇÃO.

☐ APENAS DE TEXTO.

☐ DE FOTOGRAFIA, ILUSTRAÇÃO E TEXTO.

3 VOCÊ REPAROU NAS CORES DO ANÚNCIO? O QUE ELAS REPRESENTAM?

4 A QUE ESPORTE A IMAGEM FAZ REFERÊNCIA?

A) COMO VOCÊ CHEGOU A ESSA CONCLUSÃO?

B) EM SUA OPINIÃO, POR QUE ESSE ESPORTE FOI ESCOLHIDO COMO REFERÊNCIA?

5 RELEIA ESTE TRECHO.

A) QUAL É O SENTIDO DA EXPRESSÃO "VACINOU, É GOL"?

B) E A FRASE APRESENTADA LOGO ABAIXO? O QUE ELA SIGNIFICA?

6 QUEM É A PERSONAGEM QUE APARECE COM AS CRIANÇAS? POR QUE ELA TEM ESSE FORMATO?

7 O ZÉ GOTINHA ESTÁ SE EXPRESSANDO DE FORMA DIFERENTE DAS CRIANÇAS. QUE EXPRESSÃO ELE ESTÁ FAZENDO?

8 QUAL É O OBJETIVO DO ANÚNCIO?

■ VOCÊ ACHA QUE, DO MODO COMO O ANÚNCIO FOI ELABORADO, ELE PODE ATINGIR ESSE OBJETIVO?

DESCOBERTAS SOBRE A ESCRITA

1 VOCÊ JÁ SABE DIZER O ALFABETO COMPLETO? LEIA-O EM VOZ ALTA COM OS COLEGAS E O PROFESSOR SEGUINDO A ORDEM DAS LETRAS.

a b c d e f g h i j k l m
n o p q r s t u v w x y z

2 COMPLETE A SEQUÊNCIA COM AS LETRAS QUE FALTAM. DEPOIS, FAÇA O QUE SE PEDE.

A		C	D		F	G	H	I	J		L	M
	O	P	Q			T		V	W	X	Y	

A) QUAIS DAS LETRAS QUE VOCÊ COMPLETOU SÃO CONSOANTES?

_____

B) QUAIS DAS LETRAS QUE VOCÊ COMPLETOU SÃO VOGAIS?

_____

C) ESCREVA ESSAS VOGAIS E CONSOANTES QUE FALTAM USANDO LETRAS MINÚSCULAS.

_____

3 AGORA, ESCOLHA A ALTERNATIVA EM QUE APARECEM TODAS AS LETRAS QUE O PROFESSOR VAI DITAR.

☐ M G N F V   ☐ N F P V B

☐ M F N F B   ☐ C M E G J

61

REFLETINDO SOBRE A LÍNGUA

1 OBSERVE O NOME DA PERSONAGEM DA CAMPANHA DE VACINAÇÃO INFANTIL.

ZÉ GOTINHA

A) QUANTAS LETRAS ESSE NOME TEM?

B) ZÉ COSTUMA SER UM APELIDO DE QUAL NOME?

PAULO ☐   JOÃO ☐   JOSÉ ☐

2 VOCÊ REPAROU NA CAMISETA QUE AS CRIANÇAS E O ZÉ GOTINHA ESTÃO VESTINDO? O QUE HÁ NELA? FAÇA UM DESENHO.

3 ESCREVA O QUE AS LETRAS PRESENTES NA CAMISETA SIGNIFICAM.

4 SE VOCÊ FOSSE O CAPITÃO OU A CAPITÃ DO SEU TIME, QUAIS SERIAM AS LETRAS INICIAIS QUE APARECERIAM NA CAMISETA? FAÇA UM DESENHO.

UNIDADE 3

5 RELEIA O ANÚNCIO SOBRE A CAMPANHA DE VACINAÇÃO. DEPOIS, FAÇA O QUE FOR PEDIDO.

A) PREENCHA OS QUADRINHOS COM DUAS PALAVRAS DO ANÚNCIO QUE TENHAM TRÊS SÍLABAS.

☐ ☐ ☐   ☐ ☐ ☐

- AGORA, ESCREVA AS PALAVRAS QUE VOCÊ DIVIDIU EM SÍLABAS.

_____

_____

B) ESCREVA DUAS PALAVRAS DO ANÚNCIO QUE TENHAM MAIS DE TRÊS SÍLABAS.

_____

_____

- AGORA, DIVIDA EM SÍLABAS AS PALAVRAS QUE VOCÊ SELECIONOU PARA CONFIRMAR A RESPOSTA.

C) ESCREVA DUAS PALAVRAS DO ANÚNCIO QUE INICIEM COM VOGAL.

_____

- AGORA, COPIE AS PALAVRAS QUE COMEÇAM COM A LETRA **A**.

_____

D) ESCREVA DUAS PALAVRAS DO ANÚNCIO QUE INICIEM COM CONSOANTE.

_____

E) ESCREVA DUAS PALAVRAS DO ANÚNCIO QUE TENHAM A LETRA **N** NO MEIO.

_____

DIVERSÃO EM PALAVRAS

- LEIA AS PISTAS E DESCUBRA QUAIS SÃO OS BRINQUEDOS.

   A) COLOQUE NO CÉU E SEGURE POR UMA LINHA. ☐ PA

   B) COLOQUE NA CINTURA E VÁ REBOLAR. ☐ BO ☐

   C) NÃO TEM COMO FAZER GOL SEM ELA. ☐ ☐

VAMOS FALAR SOBRE...

PUBLICIDADE INCLUSIVA

DURANTE MUITO TEMPO, OS ANÚNCIOS PUBLICITÁRIOS APRESENTARAM UM MUNDO PADRONIZADO, EM QUE TODAS AS PESSOAS ERAM PARECIDAS. HOJE, ESSA REALIDADE COMEÇA A MUDAR. NO BRASIL E EM OUTROS PAÍSES, ESTÃO SENDO CRIADOS ANÚNCIOS QUE RECONHECEM A DIVERSIDADE. DESSA FORMA, A PUBLICIDADE PODE SE TORNAR FERRAMENTA DE INCLUSÃO.

ALGUNS ANOS ATRÁS, POR EXEMPLO, EM UMA CAMPANHA NO REINO UNIDO FORAM COLOCADOS ANÚNCIOS EM BRAILE (SISTEMA DE ESCRITA EM RELEVO USADO POR PESSOAS CEGAS OU QUE TÊM BAIXA VISÃO) EM PONTOS DE ÔNIBUS COM O OBJETIVO DE CHAMAR A ATENÇÃO PARA O DIA MUNDIAL DO BRAILE. PARA QUE TODOS TIVESSEM ACESSO À MENSAGEM, O ANUNCIANTE FEZ DESCRIÇÕES EM ÁUDIO E TRADUÇÕES EM SUA PÁGINA EM UMA REDE SOCIAL.

- CONVERSE SOBRE ESSAS QUESTÕES COM OS COLEGAS.

   A) VOCÊ JÁ VIU UM ANÚNCIO INCLUSIVO? SE SIM, COMO ERA?

   B) EM SUA OPINIÃO, QUAL É A IMPORTÂNCIA DA PUBLICIDADE INCLUSIVA?

   C) QUE ATITUDES VOCÊ E SEUS COLEGAS PODEM TER, NO DIA A DIA, PARA QUE PESSOAS COM DEFICIÊNCIA NÃO SEJAM EXCLUÍDAS?

CONHECENDO OUTROS TEXTOS

OBSERVE O ANÚNCIO. OUÇA E ACOMPANHE A LEITURA QUE O PROFESSOR VAI FAZER.

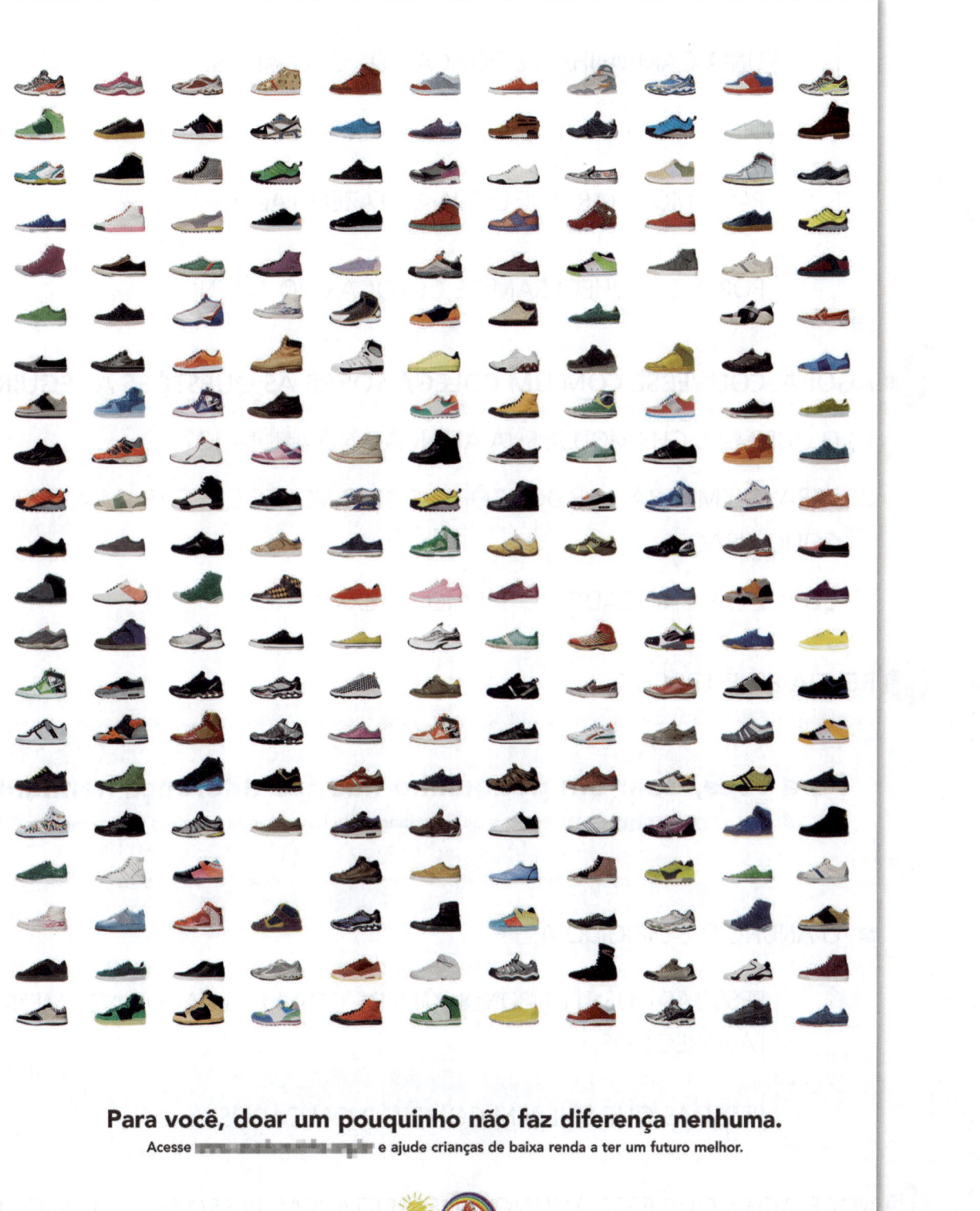

1 APÓS A LEITURA DO ANÚNCIO, RESPONDA ÀS QUESTÕES.

A) O QUE O ANÚNCIO ESTÁ DIVULGANDO?

☐ DIFERENTES MARCAS DE TÊNIS.

☐ UMA CAMPANHA DE DOAÇÃO DE CALÇADOS.

B) POR QUE ESTÃO FALTANDO ALGUNS CALÇADOS NA IMAGEM?

☐ PARA MOSTRAR QUE ELES NÃO FAZEM FALTA.

☐ PORQUE ESQUECERAM DE COLOCAR NO ANÚNCIO.

2 AGORA, CONVERSE COM UM COLEGA SOBRE AS QUESTÕES A SEGUIR.

A) O QUE MAIS CHAMOU A SUA ATENÇÃO NO ANÚNCIO?

B) PARA QUEM SERÃO AS DOAÇÕES? COMO VOCÊS CHEGARAM A ESSA CONCLUSÃO?

C) QUAL É O SIGNIFICADO DO TERMO "BAIXA RENDA"?

3 RELEIA ESTE TRECHO.

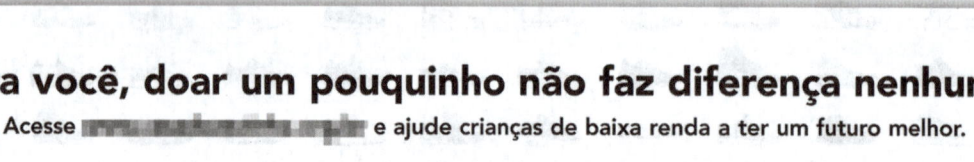

- O ANÚNCIO É DIRIGIDO A:

☐ PESSOAS QUE TÊM CONDIÇÕES DE DOAR CALÇADOS AOS MENOS FAVORECIDOS.

☐ PESSOAS QUE QUEREM COMPRAR CALÇADOS.

4 VOCÊ ACHA QUE ESSE ANÚNCIO DESPERTA NAS PESSOAS O DESEJO DE DOAR? POR QUÊ?

UNIDADE 3

REFLETINDO SOBRE A LÍNGUA

1 COM UM COLEGA, RELEIA OS TEXTOS QUE COMPÕEM OS ANÚNCIOS DAS PÁGINAS 59 E 65.

A) O QUE TORNA AS PALAVRAS **POUQUINHO** E **GOTINHA** PARECIDAS?

B) O QUE ESSAS PALAVRAS INDICAM?

> PARA PASSAR A IDEIA DE TAMANHO REDUZIDO, USA-SE O **DIMINUTIVO**.
>
> UMA DAS FORMAS DE INDICAR O DIMINUTIVO É APLICAR NAS PALAVRAS AS TERMINAÇÕES **-INHO** OU **-INHA**.
>
> EXEMPLOS: GIRAFA – GIRAF**INHA**; PATO – PAT**INHO**.

C) FALEM ALGUMAS PALAVRAS NO DIMINUTIVO TERMINADAS EM **-INHO** OU **-INHA**.

2 RELEIA O NOME DA PERSONAGEM QUE VOCÊ CONHECEU NO PRIMEIRO ANÚNCIO QUE VOCÊ ESTUDOU.

ZÉ GOTINHA

A) O PRIMEIRO NOME DA PERSONAGEM ESTÁ NO DIMINUTIVO?

☐ SIM ☐ NÃO

■ POR QUÊ? _____

B) O SEGUNDO NOME DA PERSONAGEM ESTÁ NO DIMINUTIVO?

☐ SIM ☐ NÃO

■ POR QUÊ? _____

3 LIGUE CADA PALAVRA AO SEU DIMINUTIVO.

BANCO　　　　　　　　　　VELHINHO

SALA　　　　　　　　　　　MENININHA

VELHO　　　　　　　　　　BANQUINHO

MENINA　　　　　　　　　 CAVALINHO

CAVALO　　　　　　　　　SALINHA

4 QUAIS PALAVRAS DA ATIVIDADE ANTERIOR TÊM O DIMINUTIVO IGUAL A **POUQUINHO**? CIRCULE-AS.

5 LEIA O QUADRO DE PALAVRAS E OBSERVE AS FIGURAS.

| BORRACHINHA | FADINHA | CANETINHA | LIVRINHO |
| BOLINHA | CADERNINHO | SUQUINHO | DEDINHO |

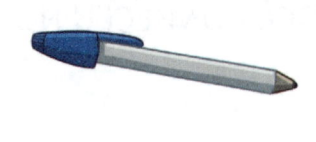

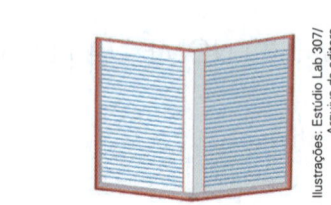

■ AGORA, ESCREVA ABAIXO DELAS OS DIMINUTIVOS CORRESPONDENTES.

6 LEIA AS PALAVRAS DO QUADRO E CIRCULE AS QUE NÃO SÃO DIMINUTIVOS.

| PADRINHO | SALINHA | DENTINHO | VINHO | RAINHA |
| FILHINHA | TINHA | TOURINHO | BIGODINHO | BOQUINHA |

UNIDADE 3

ENTRE LINHAS E IDEIAS

QUE TAL VOCÊ E OS COLEGAS DE GRUPO CRIAREM UM ANÚNCIO PUBLICITÁRIO PARA A ESCOLA? PARA ISSO, SIGAM AS ORIENTAÇÕES.

1. **PLANEJAMENTO**

   A) PENSEM SOBRE O QUE VOCÊS GOSTARIAM DE ANUNCIAR.

   PODE SER A DIVULGAÇÃO DE UMA IDEIA SOBRE:
   - MEIO AMBIENTE;
   - ALIMENTAÇÃO SAUDÁVEL;
   - RESPONSABILIDADE NO TRÂNSITO;
   - AJUDAR PESSOAS, COMO IDOSOS, PESSOAS COM DEFICIÊNCIA, PESSOAS MENOS FAVORECIDAS.

   B) PENSEM EM QUE IMAGEM PODERÃO USAR, SE VÃO DESENHÁ-LA OU FAZER COLAGEM, E QUAL SERÁ O TEXTO DO ANÚNCIO.

   C) APÓS CHEGAREM A UM ACORDO SOBRE O QUE VOCÊS VÃO DIVULGAR, ORGANIZEM-SE PARA QUE TODOS PARTICIPEM DA CRIAÇÃO E DA ELABORAÇÃO DO ANÚNCIO.

   D) PENSEM NO PÚBLICO-ALVO AO QUAL O ANÚNCIO SE DIRIGE.

2. **PRIMEIRA VERSÃO**

   A) SE POSSÍVEL, FAÇAM A PRIMEIRA VERSÃO DO ANÚNCIO EM UMA FOLHA DE PAPEL SULFITE.

   B) NESTE MOMENTO, OBSERVEM A FOLHA E DECIDAM ONDE FICARÃO O TEXTO E A IMAGEM QUE VOCÊS ESCOLHERAM. LEMBREM-SE DE QUE A PRIMEIRA VERSÃO NÃO É A DEFINITIVA: É UM RASCUNHO PARA VERIFICAR O QUE AINDA É PRECISO MELHORAR OU MUDAR.

3. **REVISÃO**

   A) COM OS COLEGAS E O PROFESSOR, RELEIAM O ANÚNCIO QUE PRODUZIRAM E VERIFIQUEM SE ELE ATENDE AOS ITENS DO QUADRO.

   - O TEMA DO ANÚNCIO PODERÁ CHAMAR A ATENÇÃO DE QUEM O LER?
   - HÁ IMAGEM E TEXTO NO ANÚNCIO?
   - AS LETRAS ESTÃO LEGÍVEIS E NO TAMANHO ADEQUADO?
   - A IMAGEM E O TEXTO TÊM RELAÇÃO COM O TEMA ESCOLHIDO PELO GRUPO?
   - O ANÚNCIO TEM CORES QUE CHAMAM A ATENÇÃO?
   - O RESULTADO DO TRABALHO ESTÁ SATISFATÓRIO? VOCÊS ACHAM QUE O ANÚNCIO CONVENCERIA OS CONSUMIDORES?

   B) COM BASE NOS ITENS APRESENTADOS, FAÇAM ANOTAÇÕES NA PRIMEIRA VERSÃO DO ANÚNCIO.

   C) DEPOIS, CONVERSEM SOBRE PONTOS QUE PODEM SER MELHORADOS.

4. **VERSÃO FINAL**

   A) PASSEM O QUE ESTIVER NA FOLHA DE SULFITE PARA UMA FOLHA MAIOR, SE POSSÍVEL UMA CARTOLINA, AGORA BEM CAPRICHADO.

   B) ESPALHEM OS CARTAZES EM LOCAIS ESTRATÉGICOS DA ESCOLA PARA QUE TODOS OS COLEGAS, FUNCIONÁRIOS E VISITANTES POSSAM VÊ-LOS.

PRATICANDO A FALA E A ESCUTA

 NA SEÇÃO **ENTRE LINHAS E IDEIAS**, VOCÊ E SEU GRUPO PRODUZIRAM UM ANÚNCIO PUBLICITÁRIO E O DIVULGARAM NA ESCOLA PARA OUTRAS PESSOAS.

AGORA, É O MOMENTO DE VOCÊ CONVENCER OS COLEGAS DE QUE SUAS IDEIAS MERECEM SER OUVIDAS. SERÁ QUE ELES VÃO APOIÁ-LAS?

1. **PLANEJAMENTO**

    A) REÚNA-SE COM O MESMO GRUPO COM QUE VOCÊ PRODUZIU O ANÚNCIO PUBLICITÁRIO.

    B) RETOMEM O CARTAZ DO ANÚNCIO PARA PREPARAR A APRESENTAÇÃO ORAL.

    C) LEIAM NOVAMENTE O ANÚNCIO E PENSEM SOBRE AS SEGUINTES QUESTÕES:

    - COMO PODEMOS APRESENTAR O ANÚNCIO POR MEIO DA FALA?
    - QUAIS PALAVRAS PODEMOS USAR PARA VALORIZAR AS IDEIAS DO NOSSO ANÚNCIO?
    - COMO VAMOS CONVENCER OS COLEGAS A ACREDITAR NO ANÚNCIO?

    D) RESPONDAM A ESSAS QUESTÕES, CONVERSEM SOBRE ELAS E PLANEJEM UM DISCURSO QUE CONVENÇA SEUS COLEGAS A ADERIR À IDEIA DO ANÚNCIO QUE VOCÊS PRODUZIRAM.

2. **ENSAIO**

    A) EM CASA, SE POSSÍVEL, ASSISTAM A ALGUNS ANÚNCIOS NA TELEVISÃO E OBSERVEM COMO AS PESSOAS QUE DIVULGAM UM PRODUTO SE COMUNICAM COM O TELESPECTADOR.

    B) REÚNAM-SE PARA ENSAIAR O QUE VÃO DIZER SOBRE A IDEIA QUE VOCÊS ESTÃO DIVULGANDO.

    C) VOCÊS PODEM DIVIDIR AS FALAS PARA QUE TODOS SE APRESENTEM. CADA UM PODE FALAR SOBRE UM DOS TÓPICOS A SEGUIR:

    - A IDEIA QUE VÃO APRESENTAR.
    - POR QUE AS PESSOAS PRECISAM APOIAR ESSA IDEIA.
    - POR QUE ESSA IDEIA É IMPORTANTE.
    - COMO ENCERRAR O ANÚNCIO.

3. APRESENTAÇÃO

A) POSICIONEM O CARTAZ PRÓXIMO AO GRUPO, PARA QUE A TURMA POSSA VÊ-LO. ELE PODE FICAR FIXADO NA LOUSA, POR EXEMPLO.

B) VOCÊS PODEM SE APRESENTAR CONFORME FOI SUGERIDO NO ITEM **C** DO ENSAIO.

C) PRESTEM ATENÇÃO À POSTURA CORPORAL E AOS GESTOS QUE FIZEREM, POIS ELES SÃO MUITO IMPORTANTES PARA DIVULGAR AS SUAS IDEIAS.

D) FALEM DE MANEIRA CLARA E EM VOLUME ADEQUADO PARA QUE TODOS POSSAM OUVIR.

E) NO MOMENTO DA APRESENTAÇÃO DOS OUTROS GRUPOS, ESCUTEM TODAS AS INFORMAÇÕES COM ATENÇÃO.

4. AVALIAÇÃO

A) PENSEM EM CADA DETALHE DA APRESENTAÇÃO PARA AVALIAR A SUA PARTICIPAÇÃO E A DOS COLEGAS.

B) AVALIEM: POSTURA, GESTOS, ALTURA DA VOZ, CLAREZA DAS INFORMAÇÕES E O MODO COMO VOCÊS FALARAM SOBRE O PRODUTO ANUNCIADO.

C) CONTEM PARA OS COLEGAS COMO VOCÊS ACHAM QUE SE SAÍRAM NA APRESENTAÇÃO E O QUE DEVEM MELHORAR.

AUTOAVALIAÇÃO

COMO FOI SEU APRENDIZADO NESTA UNIDADE? REFLITA SOBRE ESTAS PERGUNTAS.
DEPOIS, MARQUE UM **X** NA OPÇÃO QUE MELHOR REPRESENTA SEU DESEMPENHO.

1. EU CONSIGO LER ANÚNCIOS PUBLICITÁRIOS?			
2. EU PERCEBO A RELAÇÃO ENTRE TEXTO ESCRITO E IMAGENS NOS ANÚNCIOS PUBLICITÁRIOS?			
3. EU RECONHEÇO O ALFABETO COM AS LETRAS MINÚSCULAS?			
4. EU SEI CRIAR UM ANÚNCIO PUBLICITÁRIO?			
5. EU SEI APRESENTAR ORALMENTE UM ANÚNCIO PUBLICITÁRIO?			
6. EU RECITO O ALFABETO E SEI IDENTIFICAR SUA ORDEM?			
7. EU IDENTIFICO E ESCREVO PALAVRAS NO DIMINUTIVO?			

SUGESTÕES

PARA LER

- *ANÚNCIOS AMOROSOS DOS BICHOS*, DE ALMIR CORREIA. SÃO PAULO: BIRUTA, 2005.

  DE UMA FORMA BEM DIVERTIDA, ESTE LIVRO TRAZ ANÚNCIOS DE BICHOS QUE QUEREM ARRANJAR UM NOVO AMOR.

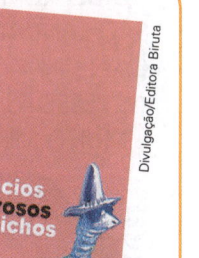

PARA ASSISTIR

- *DIVERTIDA MENTE*, DA PIXAR ANIMATION STUDIOS, ESTADOS UNIDOS, 2015. DVD.

  RILEY É UMA MENINA DE 11 ANOS QUE PRECISA ENFRENTAR DIVERSAS TRANSFORMAÇÕES EM SUA VIDA. COMO FAZER PARA QUE SUAS EMOÇÕES VIVAM EM HARMONIA?

CONECTANDO SABERES

AS TECNOLOGIAS E A PUBLICIDADE

É COMUM VER PESSOAS USANDO APARELHOS ELETRÔNICOS, COMO CELULARES, *TABLETS* E *VIDEOGAMES*. MUITAS DELAS, INCLUSIVE, NÃO CONSEGUEM SE IMAGINAR SEM ESSES APARELHOS. MAS SERÁ QUE AS PESSOAS COMPRAM ESSES PRODUTOS PORQUE REALMENTE PRECISAM DELES?

OBSERVE AS CENAS A SEGUIR.

APARELHOS ELETRÔNICOS SÃO UM PRATO CHEIO PARA A **PUBLICIDADE**.

COMO NOVAS VERSÕES DE APARELHOS SÃO LANÇADAS A TODO MOMENTO, AS CAMPANHAS PUBLICITÁRIAS TENTAM SEDUZIR AS PESSOAS DIZENDO QUE A **ÚLTIMA VERSÃO** É MUITO MELHOR QUE AS ANTERIORES.

- NA SUA OPINIÃO, O QUE PODE TER LEVADO AS PERSONAGENS A QUERER APARELHOS ELETRÔNICOS NOVOS? CONVERSE COM OS COLEGAS.

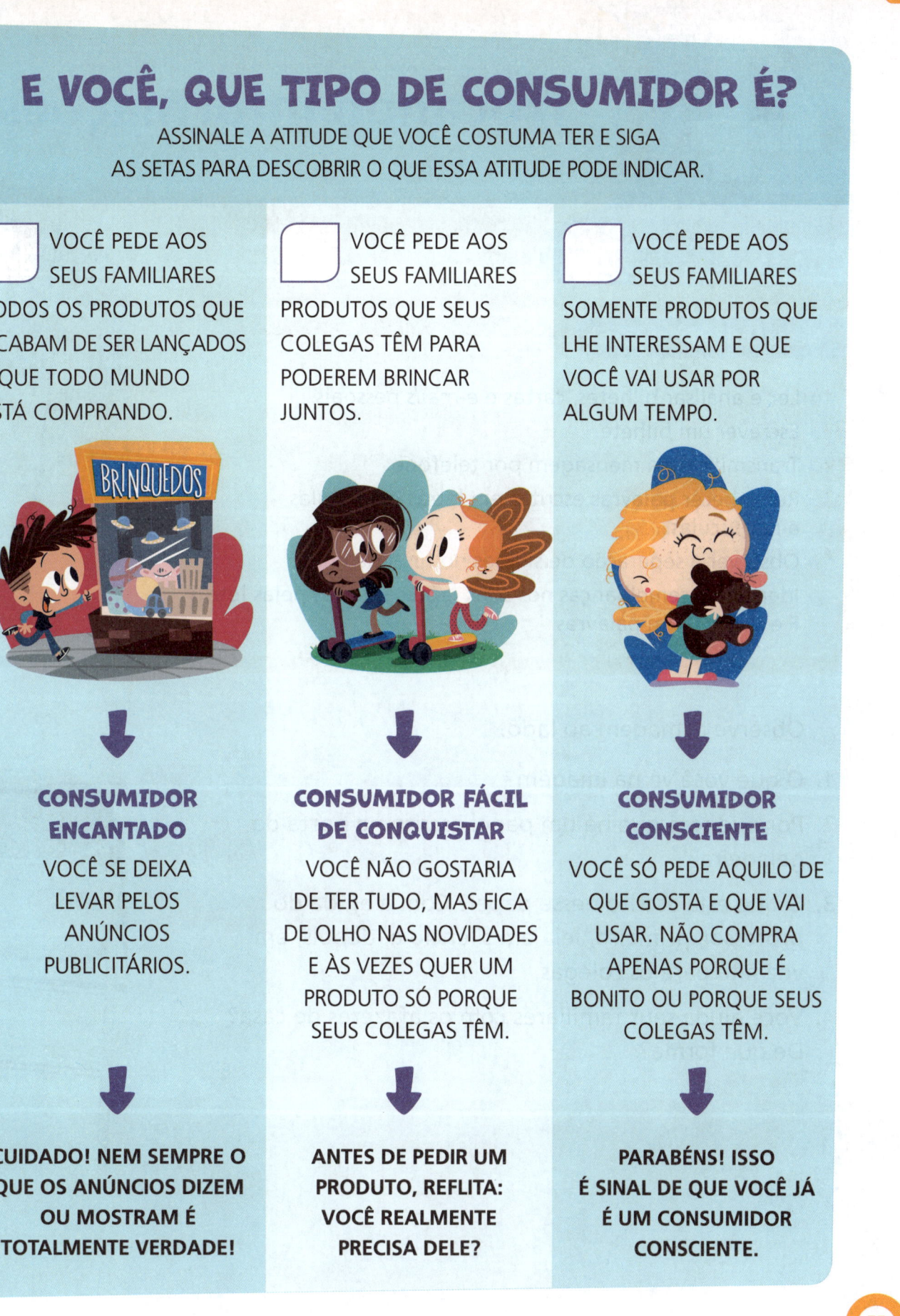

UNIDADE 4
Trocando informações

Nesta Unidade, você vai:

- Ler e analisar bilhetes, cartas e *e-mails* pessoais.
- Escrever um bilhete.
- Transmitir uma mensagem por telefone.
- Reconhecer palavras escritas em letras maiúsculas e minúsculas.
- Observar a separação de sílabas no final de linha.
- Identificar semelhanças nos sons representados pelas letras **F** e **V**, **T** e **D** em palavras.

Observe a imagem ao lado.

1. O que você vê na imagem?
2. Por que será que há um papel escrito na porta da geladeira?
3. O que está escrito nesse papel? Com a ajuda do professor, primeiro, leia em silêncio e, depois, em voz alta para os colegas.
4. Você ajuda seus familiares com os afazeres de casa? De que forma?

77

Bilhete, carta e *e-mail* pessoal

1 Na abertura da Unidade, o texto na porta da geladeira:

☐ faz um convite por escrito para o menino.

☐ transmite um recado por escrito para o menino.

☐ divulga um produto por escrito para o menino.

■ Como você chegou a essa conclusão? Conte para os colegas e ouça a explicação deles.

2 Alguém já escreveu para você um recado parecido com o da cena da abertura da Unidade? Se sim, o que o bilhete dizia?

3 E você, já escreveu um bilhete para alguém? Conte aos colegas em que situação você o escreveu.

a) Você conhecia a pessoa para quem escreveu o bilhete?

b) Sobre o que era o bilhete?

c) A pessoa compreendeu a mensagem que você queria passar?

78 UNIDADE 4

4 Você já recebeu uma carta? Se recebeu, responda às questões seguintes.

a) Ela era de uma pessoa conhecida?

b) Se sim, essa pessoa mora perto ou longe de você?

c) O que você sentiu ao receber a carta?

5 Em sua opinião, para que serve um *e-mail* pessoal?

6 O que você acha que bilhetes, cartas e *e-mails* pessoais têm em comum?

79

Conhecendo os textos

Você vai ler um *e-mail* pessoal, um bilhete e uma carta. Primeiro, faça a leitura silenciosamente. Depois, em voz alta com os colegas e com o professor.

- *E-mail* pessoal

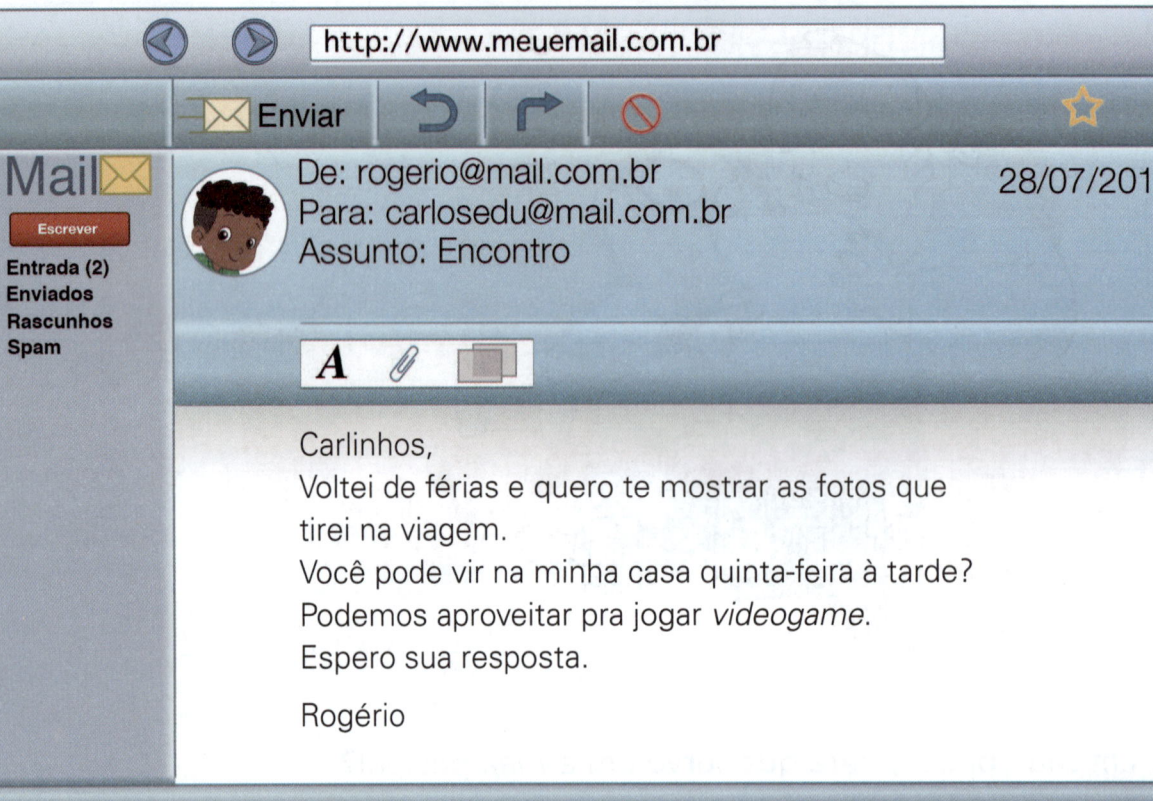

- Bilhete

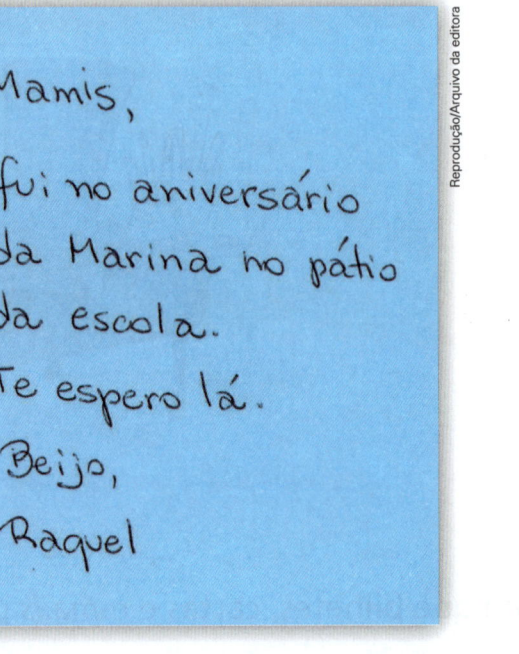

UNIDADE 4

- Carta

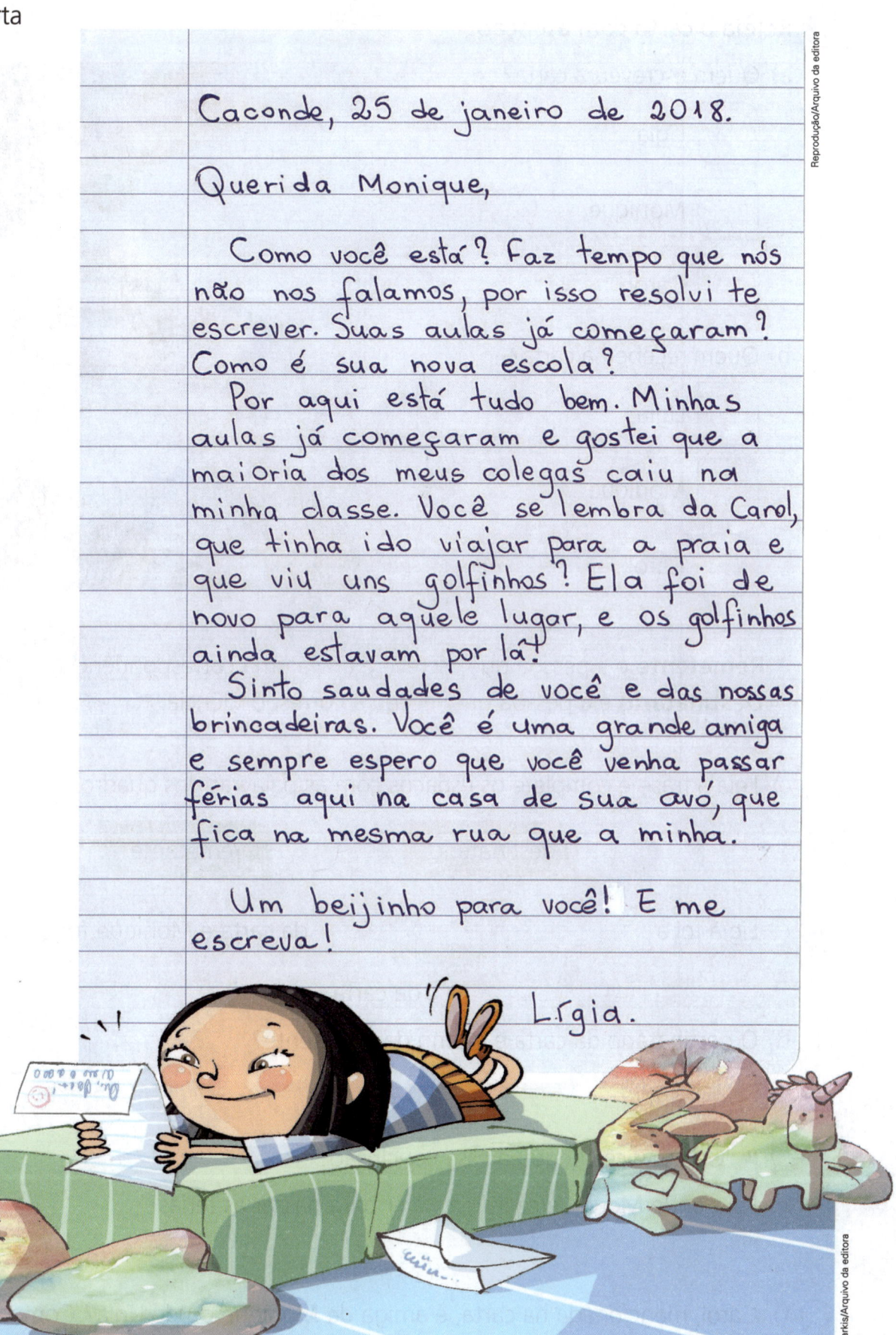

Caconde, 25 de janeiro de 2018.

Querida Monique,

Como você está? Faz tempo que nós não nos falamos, por isso resolvi te escrever. Suas aulas já começaram? Como é sua nova escola?

Por aqui está tudo bem. Minhas aulas já começaram e gostei que a maioria dos meus colegas caiu na minha classe. Você se lembra da Carol, que tinha ido viajar para a praia e que viu uns golfinhos? Ela foi de novo para aquele lugar, e os golfinhos ainda estavam por lá!

Sinto saudades de você e das nossas brincadeiras. Você é uma grande amiga e sempre espero que você venha passar férias aqui na casa de sua avó, que fica na mesma rua que a minha.

Um beijinho para você! E me escreva!

Lígia.

1 Releia a carta com atenção.

a) Quem escreveu a carta?

☐ Lígia

☐ Monique

☐ Carol

b) Quem recebeu a carta?

☐ Lígia

☐ Monique

☐ Carol

> **Remetente** é a pessoa que escreve e envia uma correspondência.
> **Destinatário** é a pessoa que recebe a correspondência.

c) Leia a frase e complete os espaços com as palavras dos quadros.

destinatário   remetente

Lígia foi a _____ da carta e Monique foi o

_____ da carta.

d) O destinatário da carta é íntimo da remetente?

☐ sim   ☐ não

💬 ■ Como você chegou a essa conclusão?

e) Para onde Monique costuma viajar para passar as férias?

_____

💬 f) Carol, mencionada na carta, é amiga de Monique ou de Lígia? Como você chegou a essa conclusão? Converse com os colegas.

82 UNIDADE 4

2 Se você fosse escrever uma carta, para quem seria? O que você diria? Conte para os colegas e o professor.

3 Se o destinatário de sua carta morar longe, como a carta poderá chegar até ele? Converse com os colegas.

4 Agora, releia o *e-mail* da página 80.

a) Para quem o *e-mail* foi escrito?

☐ Para Rogério.

☐ Para Carlinhos.

☐ Para Carol.

b) Qual é o assunto do *e-mail*?

_____

c) Por que um dos meninos quer que o outro vá a sua casa?

_____

d) Qual é o endereço de *e-mail* do destinatário da mensagem de Rogério?

_____

■ O *e-mail* é enviado da mesma forma que a carta? Converse com um colega sobre isso e depois respondam para a turma.

83

5 Leia novamente o bilhete da página 80.

a) O bilhete foi escrito para:

☐ avisar à mãe de Raquel que ela a espera no pátio da escola.

☐ pedir à Raquel que ela fique no aniversário de Marina.

b) A palavra **Mamis** no bilhete é um:

☐ modo carinhoso de chamar a mãe.

☐ nome da amiga que faz aniversário.

☐ nome da pessoa que recebeu o bilhete.

- Essa palavra indica que o destinatário do bilhete é:

☐ alguém desconhecido de Raquel.

☐ alguém próximo de Raquel.

c) Se o bilhete fosse escrito para a diretora da escola, que tratamento seria mais adequado Raquel usar?

☐ senhora ☐ você

84 UNIDADE 4

6 Leia as palavras do quadro para preencher os espaços e completar a frase.

> escola   Raquel   mãe   Marina

No bilhete, ... avisa à .... que foi ao aniversário de .... no pátio da ....

7 Agora releia o *e-mail*, a carta e o bilhete.

a) A linguagem dos três textos demonstra que as pessoas envolvidas são próximas ou distantes? Por quê?

b) Apenas um dos textos apresenta todos estes elementos: local e data, destinatário, mensagem, despedida e remetente. Qual deles?

☐ A carta.   ☐ O *e-mail* pessoal.   ☐ O bilhete.

8 Releia o bilhete abaixo e escreva o nome dos elementos que o compõem. Consulte as palavras do quadro.

> mensagem   remetente
> destinatário   despedida

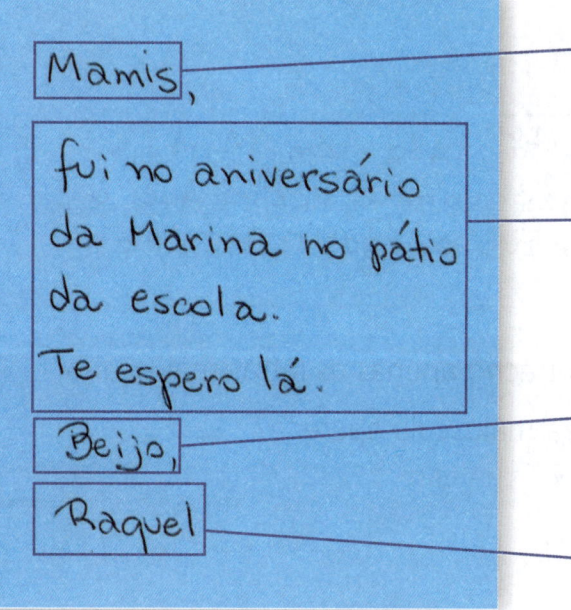

Descobertas sobre a escrita

1 Com um colega, releia em voz alta este trecho da carta escrito de duas formas.

- Forma 1

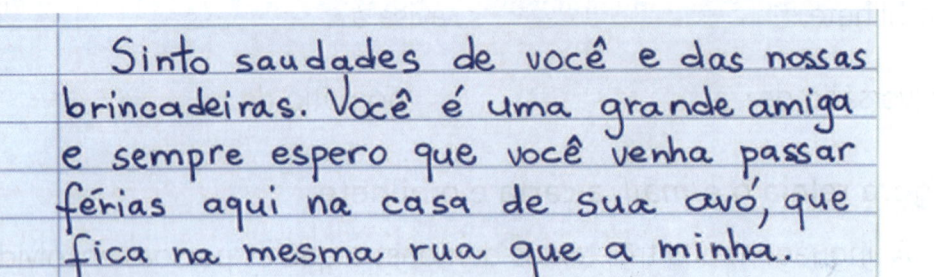

- Forma 2

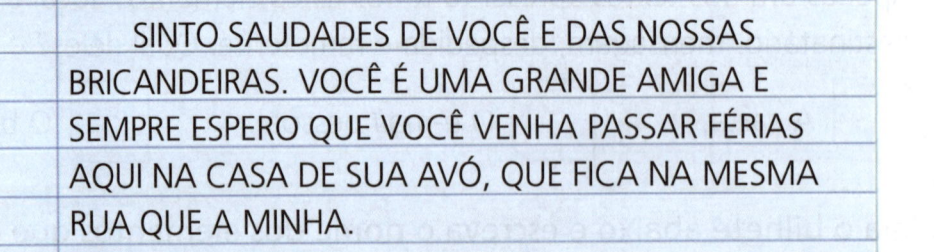

a) O que vocês observam de igual e de diferente entre as formas? Conversem entre si e com a turma.

b) Destaquem o alfabeto móvel da ficha 6 do **Material Complementar**. Observem a frente e o verso de cada ficha destacada e comparem o formato das letras.

2 Releia este outro trecho da carta.

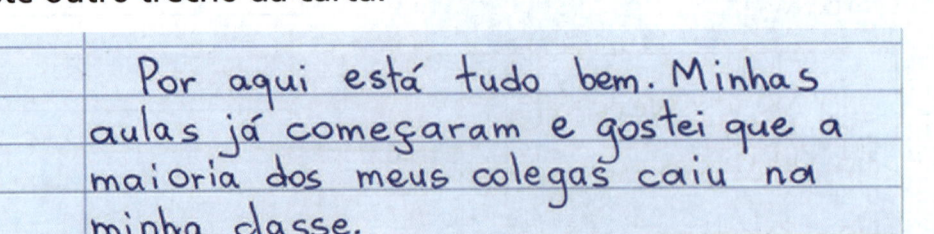

a) Com um lápis de cor, circule no trecho apenas as letras maiúsculas.

b) Em que lugar das palavras a letra maiúscula aparece?

UNIDADE 4

3 Ligue a palavra com letras maiúsculas da coluna da esquerda à palavra correspondente com letras minúsculas na coluna da direita.

SABONETE	montanha
CACHORRO	telefone
FÉRIAS	férias
MONTANHA	sabonete
TELEFONE	cachorro

4 Destaque as letras móveis das fichas 7, 8 e 9 do **Material Complementar** e monte as palavras que representam estas imagens. Depois, escreva as palavras que você montou.

87

Diversão em palavras

■ Encontre no diagrama o nome das pessoas citadas nos três textos que você leu na seção **Conhecendo os textos** das páginas 80 e 81.

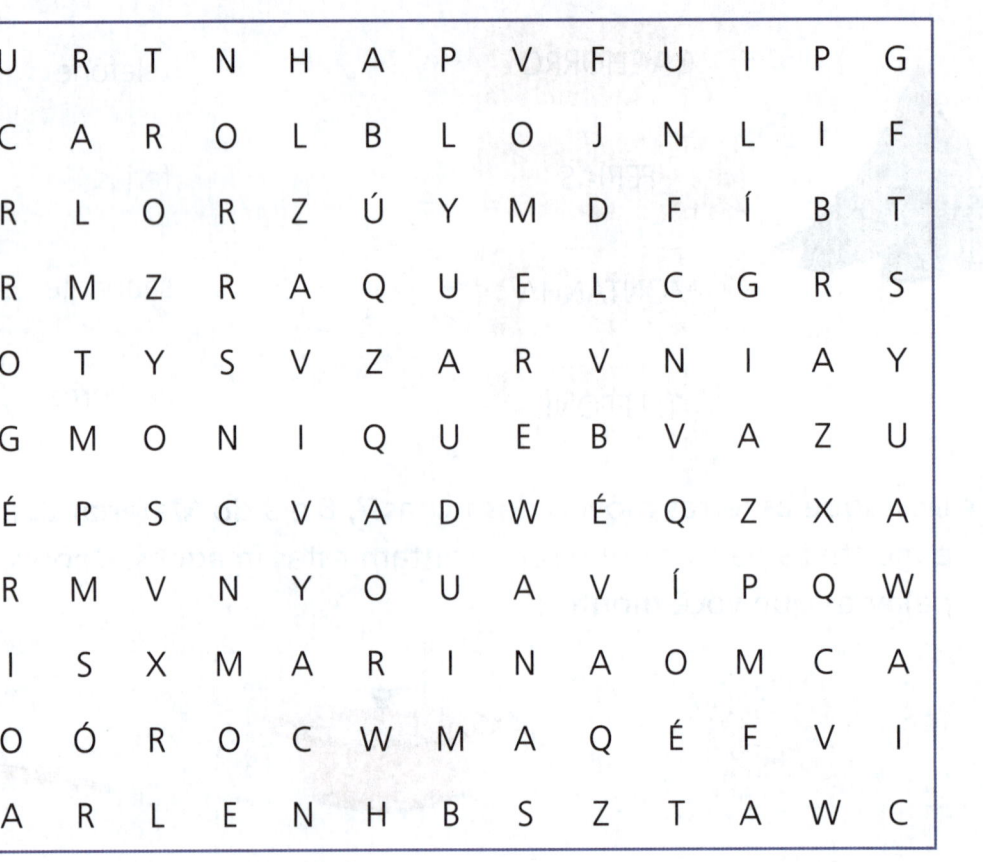

a) Copie os nomes que você encontrou.

b) Organize esses nomes em ordem alfabética.

c) Como você fez para ordenar os nomes iniciados pelas letras **M** e **R**?

d) Após o último nome da ordem alfabética, qual outro nome você acrescentaria, mantendo a sequência?

88 UNIDADE 4

Refletindo sobre a língua

1 Releia este trecho do *e-mail* pessoal.

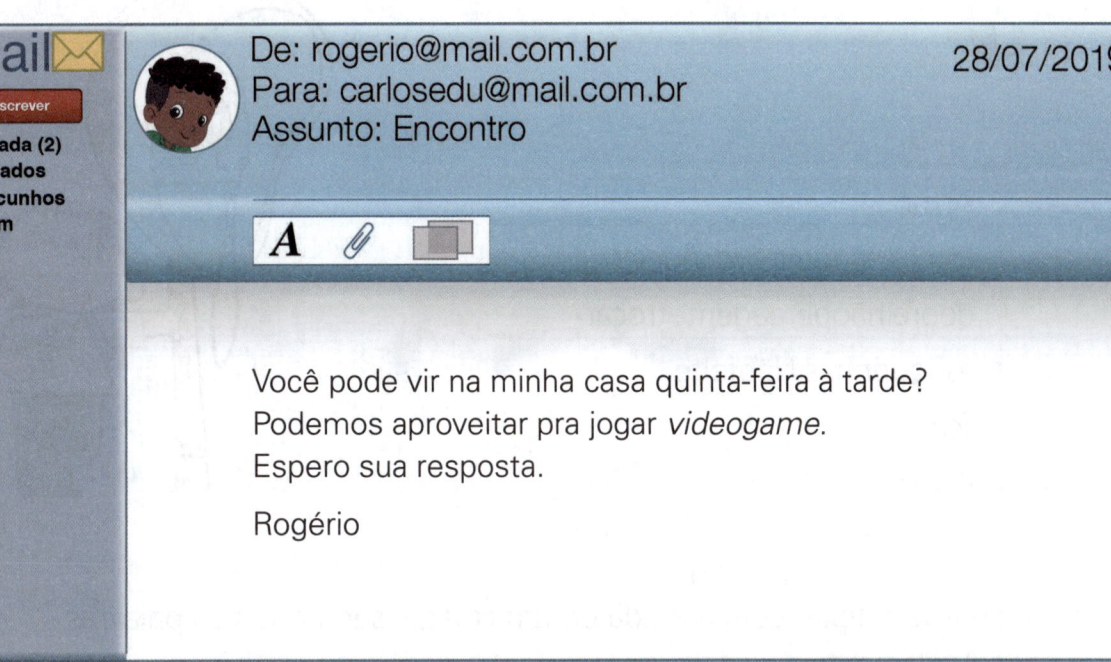

- Agora, reúna-se com um colega e respondam às questões a seguir.

    a) Antes de finalizar a mensagem, Rogério escreve: "Espero sua resposta.". O que isso quer dizer?

    b) Em que outro texto lido na seção **Conhecendo os textos** o remetente também espera receber uma mensagem de retorno?

    c) Observe o pedido de retorno no final do *e-mail* e da carta. Qual é a diferença entre eles?

2 Releia abaixo o trecho do *e-mail*.

Você pode vir na minha **casa** quinta-feira à tarde?

a) Uma palavra que pode substituir a palavra destacada é:

☐ escola.　　　　　☐ residência.

b) Essa substituição deixaria a mensagem:

☐ menos espontânea.　　　　　☐ mais espontânea.

3 O bilhete a seguir foi escrito sem espaço entre as palavras. Reúna-se com um colega e tentem ler o texto.

○	Artur,
○	Estouesperandovocêperto
○	doorelhãoparaagentetrocar
○	asfigurinhas.Nãofalte.
○	Tchau.
○	Paulo.

a) Reescreva o texto com a ajuda de um colega, separando as palavras adequadamente.

_____
_____
_____
_____

b) Observem o texto que vocês escreveram. Quantas palavras foram usadas no bilhete?

_____

■ Comparem a resposta de vocês com a de outra dupla. Se houver diferenças, tentem descobrir por quê.

c) No bilhete aparece a expressão "a gente". A quem Paulo se refere com essa expressão?

_____

UNIDADE 4

4 Releia o bilhete.

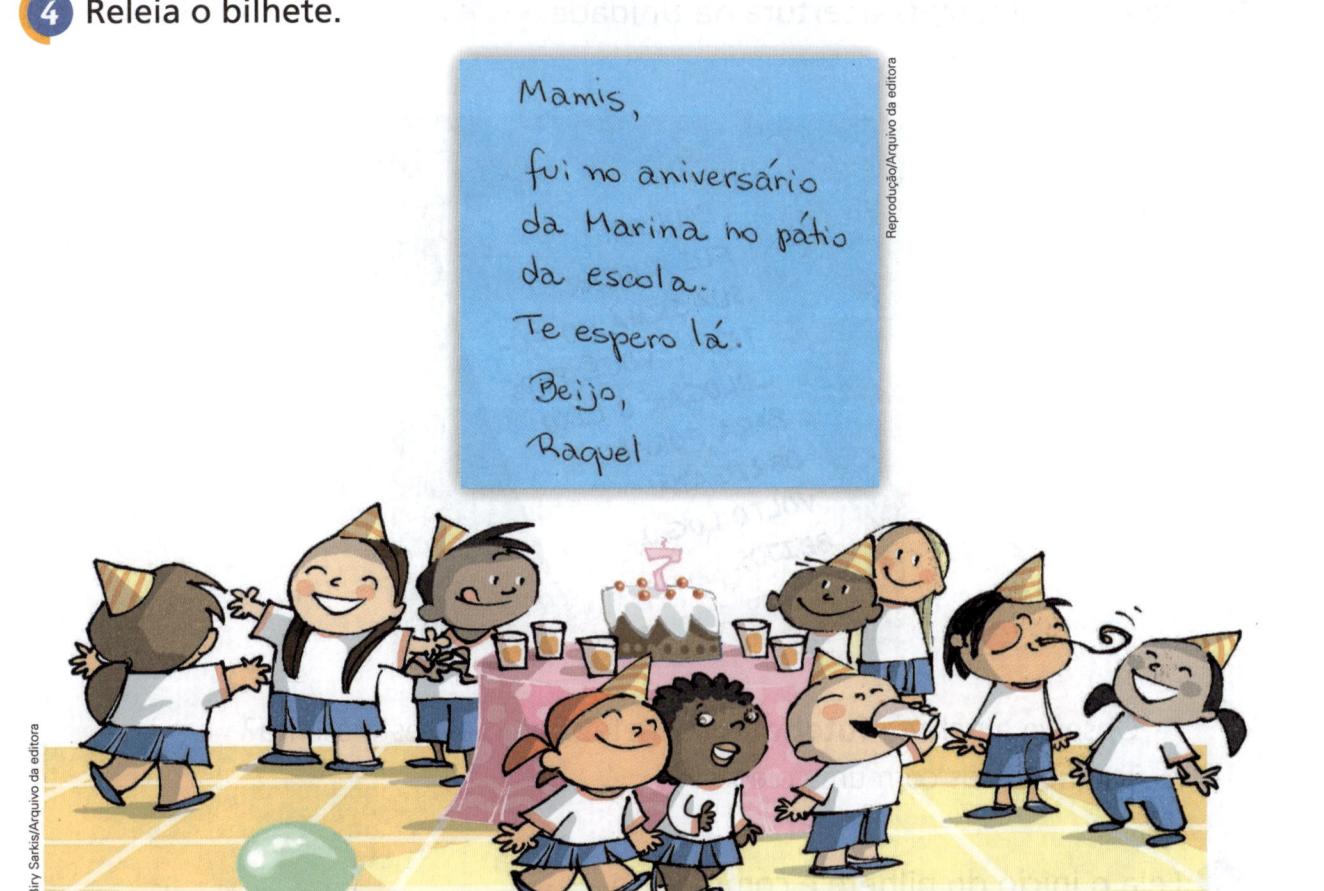

- Agora, você e um colega vão refletir sobre algumas palavras do bilhete.

a) Leiam as palavras do quadro e falem cada uma pausadamente, pronunciando cada sílaba bem devagar.

b) Depois, cada um preenche o quadro com atenção.

Palavra	Quantas vezes você movimentou a boca para falar?	Como você pronunciou as palavras?
Marina	3	Ma-ri-na
Mamis		
Escola		
Espero		
Beijo		

c) Compare seu quadro com o do colega para ver como cada um o preencheu.

91

5. Releia o bilhete da abertura da Unidade.

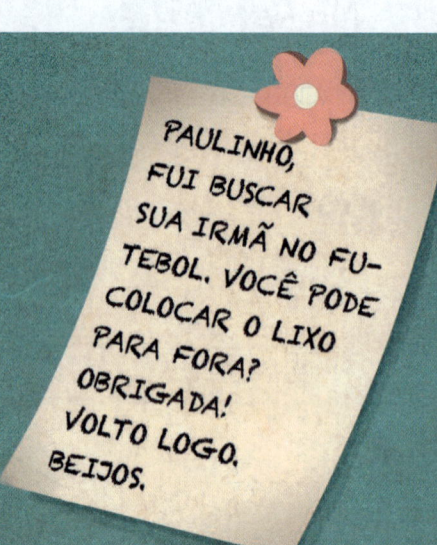

- Observe a palavra **futebol** no bilhete. Como ela está escrita? Troque ideias com um colega.

6. Leia o início do bilhete e complete-o.

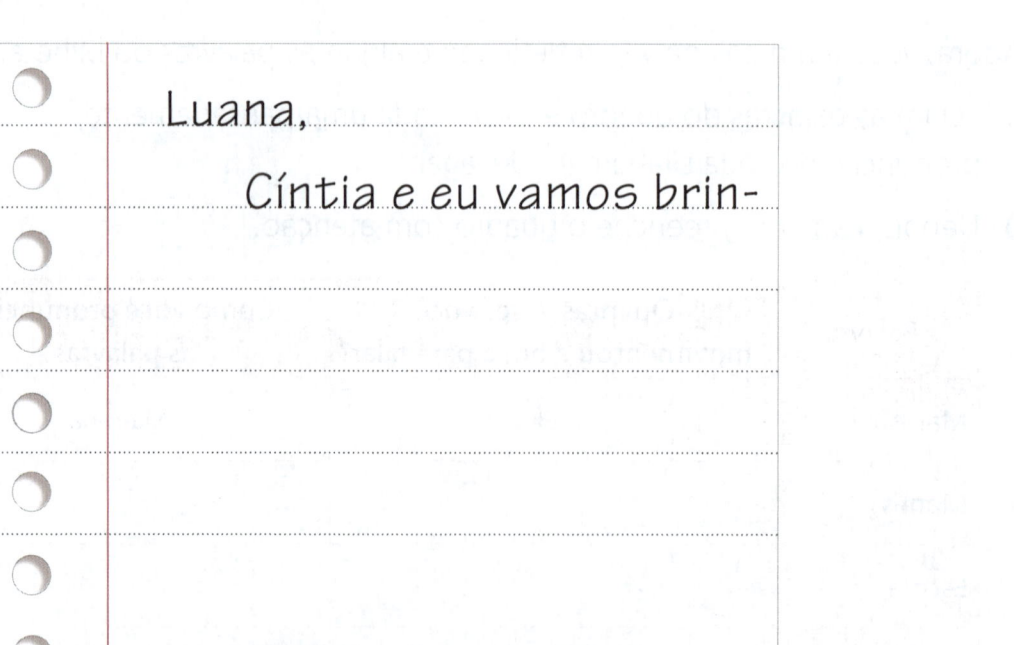

7. Escreva um bilhete para um familiar utilizando uma folha à parte. Tente dividir pelo menos uma das palavras do seu bilhete ao final de uma linha. Mostre ao professor.

UNIDADE 4

Descobertas sobre a escrita

1 Releia, silenciosamente, o bilhete que Artur recebeu.

Artur,
Estou esperando você perto do orelhão
para a gente trocar as figurinhas.
Não falte.
Tchau.
Paulo.

a) Leia o bilhete novamente, dessa vez em voz alta.

b) Circule as palavras que têm a letra **T**.

c) Pinte as palavras que têm a letra **D**.

d) O que vocês percebem quando pronunciam as letras **T** e **D**?

e) Escreva duas palavras que contenham a letra **T** e duas que contenham a letra **D**. Depois, mostre-as a um colega e leia em voz alta as que ele escreveu.

....

....

2 Complete as palavras a seguir com **T** ou **D**. Depois, leia-as em voz alta.

   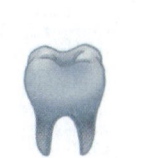      

pimen........a   en........e   moe........a   cabi........e

........ape........e   ....a........o   ....a........u

93

3 Volte à atividade 1 e leia o bilhete mais uma vez.

a) Faça um traço embaixo da palavra que tem a letra **V**.

b) Faça dois traços embaixo das palavras que têm a letra **F**.

c) O que você percebe quando pronuncia as letras **V** e **F**? Converse com os colegas.

d) Escreva duas palavras que contenham a letra **V** e duas que contenham a letra **F**. Depois, mostre-as a um colega e leia em voz alta as que ele escreveu.

_____

_____

_____

4 Complete as palavras utilizando as letras **F** ou **V** de acordo com a figura.

| | A | C | A |

| | A | C | A |

| | O | C | A |

| C | A | | A | L | O |

| | I | T | A |

| | O | | Ó |

94 UNIDADE 4

◼ Entre linhas e ideias

Você vai escrever um bilhete para avisar a um colega da sala que está no pátio brincando com outros colegas.

1. **Planejamento**

   ◾ Pense na organização do bilhete. Para isso, preencha este quadro.

Qual é o motivo do bilhete?	
Quem está avisando?	
Quem será avisado?	
Como será a linguagem do bilhete?	

2. **Primeira versão**

   ◾ Escreva seu bilhete no espaço abaixo. Você pode voltar à atividade 8 da página 85 e relembrar como é a estrutura de um bilhete.

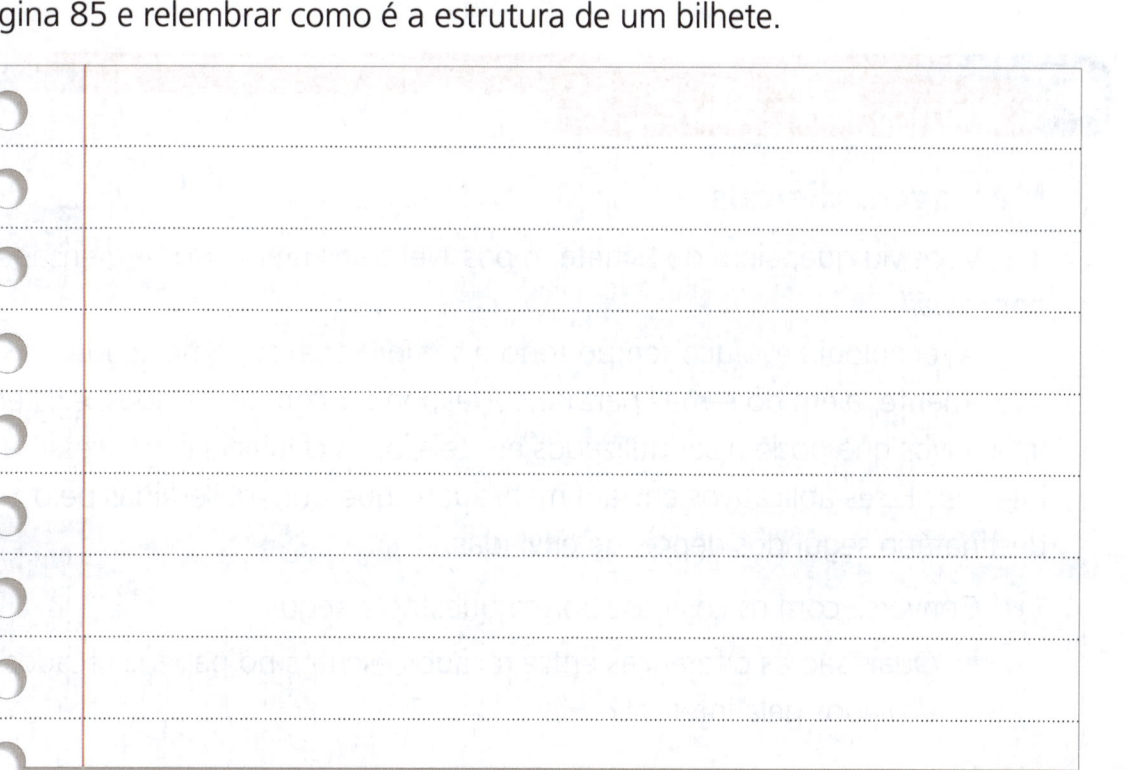

95

3. **Revisão**

   ■ Com a ajuda do professor, revise seu bilhete e verifique se nele estão as informações necessárias. Reflita sobre as questões do quadro a seguir.

   - O nome de quem vai receber o bilhete aparece no início do texto?
   - A mensagem do bilhete foi escrita de forma clara?
   - Foi dado espaço entre as palavras?
   - Há uma despedida no fim do bilhete?
   - Seu nome aparece no final?

4. **Versão final**

   a) Após a revisão, escreva em uma folha à parte a versão final do seu bilhete com as correções que forem necessárias.

   ■ Não se esqueça de usar as linhas até o fim e separar a sílaba da palavra que não couber no final da linha.

   b) Depois, é hora de entregar seu texto! Coloque o bilhete sobre a mesa do colega escolhido.

Vamos falar sobre...

Mensagens digitais

Você viu que, além do bilhete, é possível transmitir avisos e mensagens por *e-mail*.

A tecnologia evolui o tempo todo e sempre aparecem novidades. Atualmente, além do *e-mail* para se corresponder com as pessoas, existem aplicativos que podem ser utilizados em telefones celulares com acesso à internet. Esses aplicativos enviam mensagens que podem ser lidas pelo destinatário segundos depois de enviadas.

■ Converse com os colegas sobre a questão a seguir.

- Quais são as diferenças entre recados escritos no papel e recados enviados pela internet?

Praticando a fala e a escuta

Algumas mensagens que escrevemos em um bilhete, carta ou *e-mail* pessoal também podem ser transmitidas pessoalmente ou por telefone.

Leia a situação a seguir.

> Você e alguns amigos combinaram de ir ao parque jogar bola. Mas o pai de Lucas, que iria com vocês ao parque, não vai mais poder ir.
>
> Então, Lucas convidou todos para jogar bola no quintal da casa dele.
>
> O familiar responsável por você está trabalhando e você precisa avisá-lo da mudança de planos.

1. **Planejamento**

   - Pense em como você vai explicar a seu familiar que vai ficar brincando na casa do Lucas porque o pai dele não poderá levá-los ao parque. Um colega da turma fará o papel de um familiar seu.

   Os itens abaixo podem ajudar você a planejar a conversa.

   a) Iniciar a conversa com uma saudação (olá, oi).

   b) Explicar que o pai de Lucas ia levar você e seus amigos ao parque como combinado.

   c) Contar por que precisaram mudar os planos.

   d) Se seu familiar ficar em dúvida quanto a deixar você brincar na casa do Lucas, explique por que você acha que essa é a melhor solução.

   e) Encerrar a conversa com uma despedida (obrigado(a), tchau, até mais tarde, um beijo).

2. Ensaio

- Junte-se a um colega e ensaiem esta cena: um de vocês conversa com o familiar, representado pelo colega. Depois, vocês trocam os papéis. Ensaiem como vão transmitir a mensagem.

3. Apresentação

- Apresentem a conversa telefônica entre você e seu familiar, que será representado pelo colega. Depois, invertam as posições para que ambos representem os dois papéis.

Durante a apresentação, prestem atenção:

- na postura corporal.
- na altura da voz para que todos possam ouvir.
- nas palavras adequadas para a conversa.

4. Avaliação

- Use o quadro a seguir para avaliar a apresentação da dupla e dos colegas.

- Todos ouviram claramente o que você disse?
- Você saudou seu familiar e utilizou as palavras adequadas durante a conversa?
- Você deixou claro o motivo da mudança de planos e explicou que brincar na casa do Lucas era a melhor solução?
- Você se despediu adequadamente?

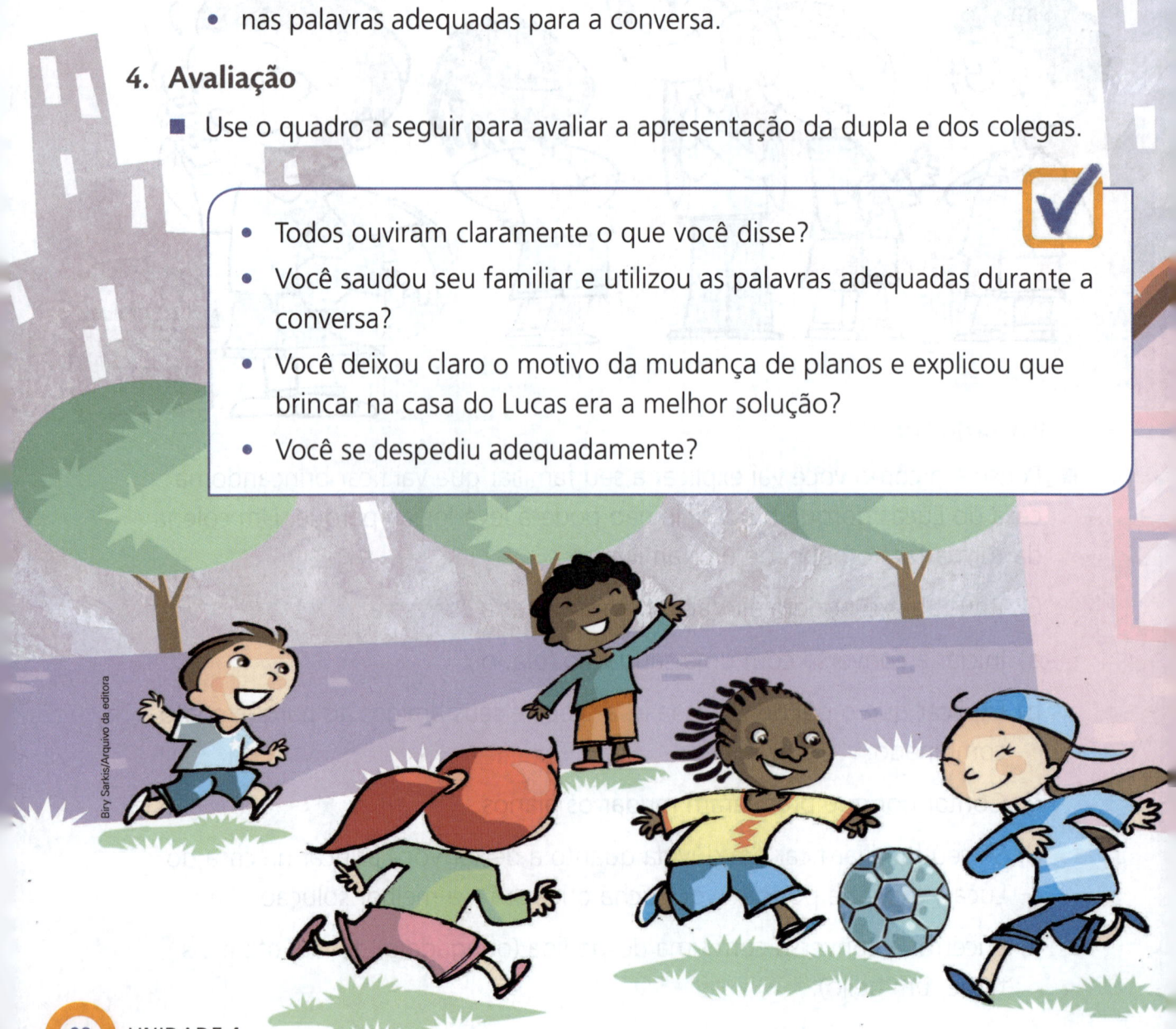

UNIDADE 4

Autoavaliação

Como foi seu aprendizado nesta Unidade?
Reflita sobre estas perguntas.
Depois, marque um **X** na opção que melhor representa seu desempenho.

1. Eu sei ler bilhetes, cartas e *e-mails*?			
2. Eu consigo escrever um bilhete?			
3. Eu consigo transmitir uma mensagem pelo telefone e argumentar sobre ela?			
4. Eu reconheço letras e palavras escritas em letras maiúsculas e minúsculas?			
5. Eu conheço a razão de se separar as sílabas no final de uma linha para outra?			
6. Eu percebo os sons semelhantes representados pelas letras **F** e **V**, **T** e **D**?			

Sugestões

Para ler

- *Tem uma história nas cartas da Marisa*, de Monica Stahel. São Paulo: Formato, 2009.

  Nas cartas para a sua prima Ângela, Marisa conta tudo o que acontece: escreve sobre a escola, sobre os amigos e, também, sobre a misteriosa casa verde, onde mora um vizinho mais misterioso ainda.

- *Teque, teque, muu:* vacas que escrevem à máquina, de Doreen Cronin. Rio de Janeiro: Rocco, 2003.

  Para exigir melhores condições de trabalho, as vacas do fazendeiro Geraldo começam a escrever bilhetes em máquinas de escrever e ameaçam fazer greve. Será que elas vão conseguir o que querem?

99

UNIDADE

5 Fábulas para pensar

Nesta Unidade, você vai:

- Ler e compreender o sentido de algumas fábulas.
- Identificar características da fábula.
- Reescrever e recontar uma fábula.
- Identificar o espaço que marca o início do parágrafo em um texto.
- Refletir sobre a letra **R** em diferentes posições nas palavras.

Observe detalhadamente a imagem ao lado e responda às questões.

1. O que você vê nela?
2. Os animais estão representados como nós os conhecemos na realidade? Explique.
3. O que você acha que a raposa está dizendo para o corvo?
4. Com base na ilustração, que história poderia ser contada?

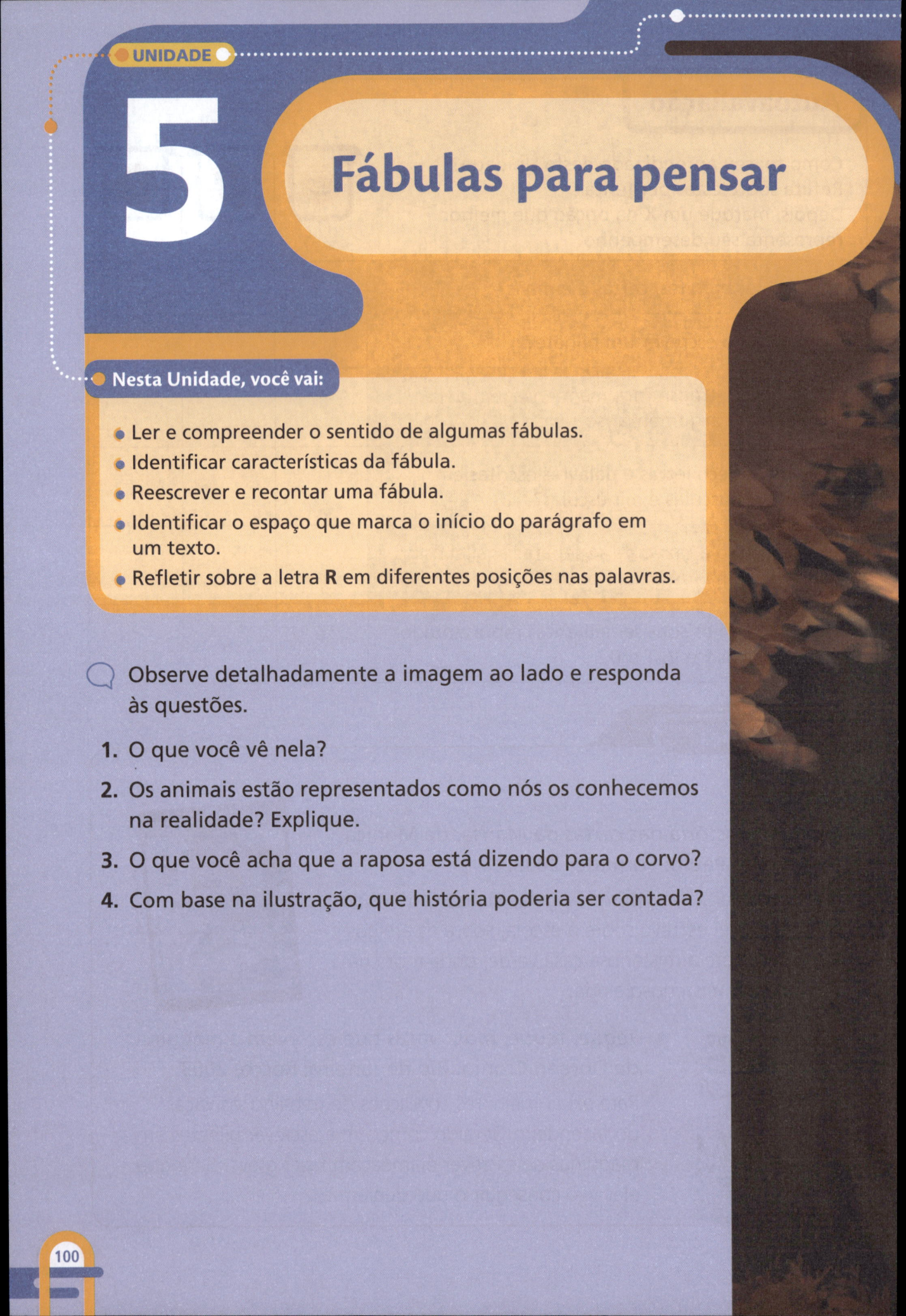

Fábula

1 Leia as frases e marque aquelas que você acha que se referem às fábulas.

☐ As fábulas geralmente se passam no campo.

☐ Fábula e anúncio publicitário são textos parecidos.

☐ Nas fábulas, os animais apresentam comportamento humano.

☐ Nas fábulas, geralmente há um ensinamento.

2 Faça dupla com um colega. Observem as imagens e conversem sobre as questões a seguir.

a) O que essas imagens têm em comum?

b) Vocês conhecem histórias com essas personagens? Em caso positivo, quais? Contem o que acontece nelas.

c) Caso vocês não conheçam nenhuma dessas histórias, tentem imaginar o que elas contam.

Conhecendo o texto

Você vai conhecer ou reler em voz alta a fábula "O galo que logrou a raposa", recontada por Monteiro Lobato.

O galo que logrou a raposa

Um velho galo matreiro, percebendo a aproximação da raposa, empoleirou-se numa árvore. A raposa, desapontada, murmurou consigo: "Deixe estar, seu malandro, que já te curo!..."

E em voz alta:

— Amigo, venho contar uma grande novidade: acabou-se a guerra entre os animais. Lobo e cordeiro, gavião e pinto, onça e veado, raposa e galinhas, todos os bichos andam agora aos beijos, como namorados. Desça desse poleiro e venha receber o meu abraço de paz e amor.

— Muito bem! — exclamou o galo. — Não imagina como tal notícia me alegra! Que beleza vai ficar o mundo, limpo de guerras, crueldades e traições! Vou já descer para abraçar a amiga raposa, mas... como lá vêm vindo três cachorros, acho bom esperá-los, para que também eles tomem parte na confraternização.

Ao ouvir falar em cachorro, dona raposa não quis saber de histórias e tratou de **pôr-se ao fresco**, dizendo:

— Infelizmente, amigo có-ri-có-có, tenho pressa e não posso esperar pelos amigos cães. Fica para outra vez a festa, sim? Até logo.

E raspou-se.

Pôr-se ao fresco: fugir, ir embora.

Contra esperteza, esperteza e meia.

Monteiro Lobato. *Fábulas*. São Paulo: Globo Livros, 2012. p. 34.

1. Quando lemos um texto, podemos encontrar palavras desconhecidas, mas que podem ser compreendidas durante a leitura.

   a) Ligue as palavras do texto ao sentido que elas têm na história.

   logrou   esperto

   matreiro   foi embora

   empoleirou-se   enganou

   raspou-se   subiu

   b) Agora, troque ideias com um colega sobre as palavras que vocês ligaram. Consultem um dicionário, se for preciso, para verificar se as respostas estão corretas.

2. Releia.

   "Deixe estar, seu malandro, que **já te curo**!..."

   ■ Qual é o sentido da expressão destacada?

   ☐ Já te pego.   ☐ Já te esqueço.

3. Assinale as características de cada personagem.

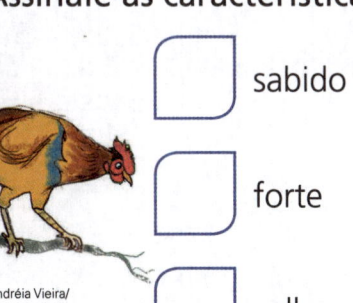

☐ sabido

☐ forte

☐ velho

☐ calmo

☐ malandro

☐ bondosa

☐ mentirosa

☐ ocupada

☐ medrosa

☐ esperta

Ilustrações: Andréia Vieira/Arquivo da editora

4) Por que o galo subiu na árvore ao avistar a raposa?

_____

5) E a raposa? O que fez ao perceber que o galo havia subido na árvore?

_____

6) Releia a primeira fala da raposa.

> — Amigo, venho contar uma grande novidade: acabou-se a guerra entre os animais. Lobo e cordeiro, gavião e pinto, onça e veado, raposa e galinhas, todos os bichos andam agora aos beijos, como namorados. Desça desse poleiro e venha receber o meu abraço de paz e amor.

a) Qual era a verdadeira intenção da raposa na fábula?

_____

b) Como o galo escapou da armadilha da raposa?

_____

_____

c) Que palavra a raposa usou para se dirigir ao galo, tentando demonstrar que não queria lhe fazer mal?

_____

d) Converse com os colegas: o que você acha que teria acontecido se o galo tivesse aceitado o convite da raposa e descido da árvore?

UNIDADE 5

7 Releia este trecho.

> [...] como lá vêm vindo três cachorros, acho bom esperá-los, para que também **eles** tomem parte na confraternização.

- A palavra **eles** refere-se a:

    ☐ lobo e cordeiro.

    ☐ três cachorros.

    ☐ onça e veado.

    ☐ gavião e pintinho.

8 Agora, releia a segunda fala da raposa.

> — Infelizmente, amigo có-ri-có-có, tenho pressa e não posso esperar pelos amigos cães. Fica para outra vez a festa, sim? Até logo.

a) Por que ela chamou o galo de "amigo **có-ri-có-có**"?

_____

_____

b) Por que a raposa não quis esperar os cães?

_____

_____

9 As fábulas geralmente trazem um ensinamento no final, a **moral** da história. Releia a moral da fábula.

> Contra esperteza, esperteza e meia.

a) Converse com os colegas sobre o significado desse ensinamento.

b) É comum as pessoas tomarem cuidado diante de uma situação perigosa, como fez o galo ao subir na árvore?

c) Você já passou por alguma situação de perigo? Se sim, conte como foi e como você reagiu.

10 Nessa fábula alguns comportamentos dos animais lembram atitudes humanas. Quais são eles?

- [ ] A raposa, desapontada, reclamou consigo.
- [ ] O galo empoleirou-se numa árvore.
- [ ] A raposa convidou o galo a descer da árvore.
- [ ] O galo disse que iria descer da árvore para abraçar a raposa.
- [ ] O galo contou à raposa que três cachorros estavam chegando.

Andréia Vieira/Arquivo da editora

11 Converse com os adultos em sua casa ou consulte livros da biblioteca da escola para descobrir outros ensinamentos transmitidos por fábulas.

a) Anote o que você descobriu em uma folha à parte.

b) Leia os ensinamentos para os colegas.

c) Ouça os ensinamentos que os colegas pesquisaram e tente compreender o que eles querem dizer.

d) Após todas as apresentações terem sido realizadas, converse com os colegas sobre o que aprenderam a respeito da moral da história das fábulas pesquisadas.

- Se possível, leve um livro de fábulas disponível na biblioteca para ler em casa com seus familiares.

UNIDADE 5

Refletindo sobre a língua

1 Com a ajuda do professor, leia esta outra fábula em voz alta.

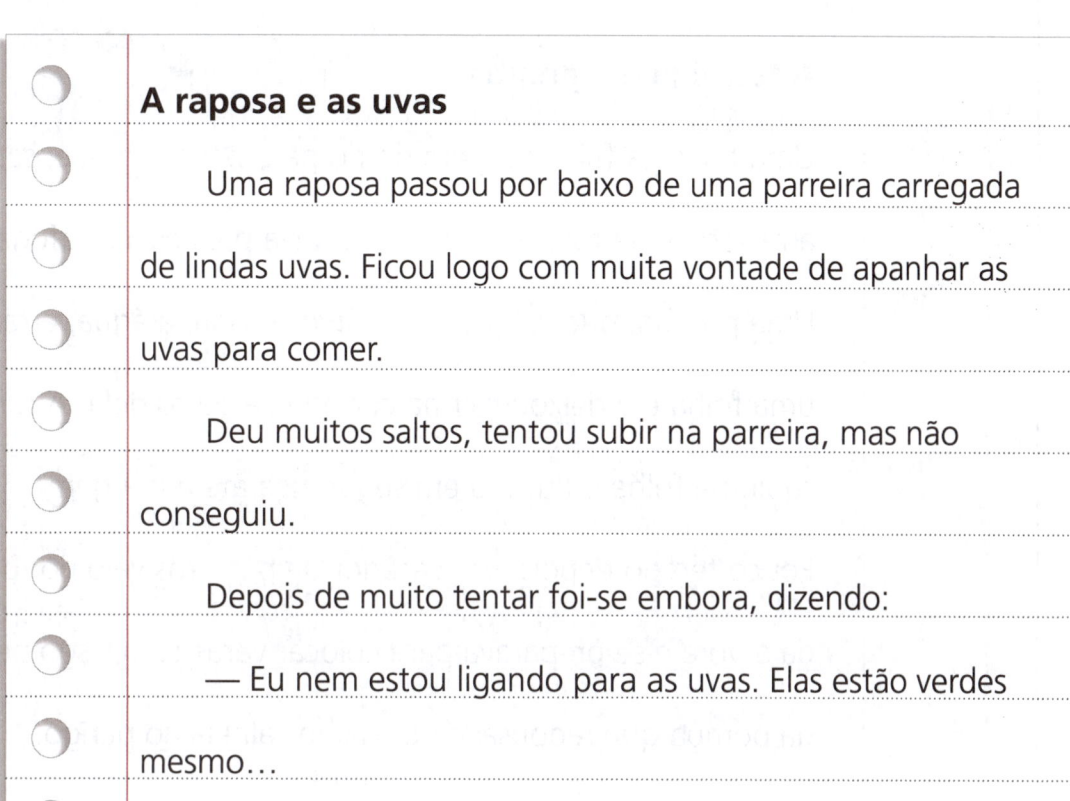

A raposa e as uvas

   Uma raposa passou por baixo de uma parreira carregada de lindas uvas. Ficou logo com muita vontade de apanhar as uvas para comer.

   Deu muitos saltos, tentou subir na parreira, mas não conseguiu.

   Depois de muito tentar foi-se embora, dizendo:

   — Eu nem estou ligando para as uvas. Elas estão verdes mesmo...

Ruth Rocha. *Fábulas de Esopo*. São Paulo: Salamandra, 2010. p. 11.

a) Você gostou da fábula? Na sua opinião, a raposa não estava ligando mesmo para as uvas? Por quê? Converse com os colegas e o professor.

b) Pinte os espaços entre a margem e o início de cada parte do texto.

2 Todos os espaços que você pintou são do mesmo tamanho? ....

3 Você sabe como é chamado o espaço entre a margem e o início do texto? Converse com os colegas e o professor.

> O espaço entre a margem e o início do texto marca o começo de um **parágrafo**, que é usado para indicar um novo momento no texto.

■ Quantos parágrafos tem esse texto? ☐

4 Leia esta outra fábula silenciosamente e depois, em voz alta, com a ajuda do professor. Em seguida, faça as atividades propostas.

A formiga e a pomba

Uma formiga foi à margem do rio para beber água e, sendo arrastada pela forte correnteza, estava prestes a se afogar.

Uma pomba, que estava numa árvore sobre a água, arrancou uma folha e a deixou cair na correnteza perto dela. A formiga subiu na folha e flutuou em segurança até a margem.

Pouco tempo depois, um caçador de pássaros veio por baixo da árvore e se preparava para colocar varas com visgo perto da pomba que repousava nos galhos alheia ao perigo.

A formiga, percebendo sua intenção, deu-lhe uma ferroada no pé. Ele repentinamente deixou cair sua armadilha e isso deu chance para que a pomba voasse para longe a salvo.

Quem é grato de coração sempre encontrará oportunidades para mostrar sua gratidão.

Esopo. Disponível em: <http://metaforas.com.br/a-formiga-e-a-pomba>. Acesso em: 10 maio 2018.

a) Você sabe o que é ser grato? Quem era grato a quem nessa fábula? Por quê?

b) O texto está com ou sem espaço de parágrafo? Como você percebeu isso?

c) Faça marcações no texto onde você acha que deve haver parágrafos.

d) Quantos parágrafos essa fábula tem?

UNIDADE 5

Diversão em palavras

1 A fábula "O cão e a carne", abaixo, está com os parágrafos fora de ordem. Organize a história numerando os parágrafos na ordem correta.

Dica: atente para o título e para a autoria do texto.

O cão e a carne

☐ O pedaço de carne caiu na água e se foi, assim como a sua imagem.

☐ E o cão, que queria os dois, ficou sem nenhum.

☐ Um cão vinha caminhando com um pedaço de carne na boca.

☐ Quando passou ao lado do rio, viu sua própria imagem na água.

☐ Pensando que havia na água um novo pedaço de carne, soltou o que carregava para apanhar o outro.

Ruth Rocha. *Fábulas de Esopo*. São Paulo: Salamandra, 2010. p. 16.

2 Por que o cão acabou ficando sem nada?

3 Releia silenciosamente a fábula e escreva uma moral para ela.

Entre linhas e ideias

Você vai reescrever a fábula "O galo que logrou a raposa". Para isso, siga as etapas.

1. **Planejamento**

   a) Releia silenciosamente a fábula da página 103.

   b) Para ajudar a organizar as ideias, represente a história com ilustrações em apenas três quadros.

   Começo

   Meio

UNIDADE 5

Fim

2. **Primeira versão**

   a) Com base nos desenhos que você fez, reescreva a fábula em uma folha à parte. Você pode escrever um parágrafo para cada parte: início, meio e fim e a moral da história.

   b) Não se esqueça de escrever um título para a fábula.

3. **Revisão**

   ■ Releia seu texto e verifique se a fábula está bem contada. Para isso, veja se você considerou todos os itens abaixo.

   - Coloquei o título?
   - Apresentei as personagens e o local?
   - Escrevi o que a raposa disse ao galo?
   - Escrevi a resposta do galo para a raposa?
   - Escrevi a moral da história?
   - Utilizei as palavras mais indicadas para contar uma fábula?

4. **Versão final**

   a) Passe seu texto a limpo, fazendo as alterações necessárias para melhorar o resultado. O professor poderá ajudar nessa tarefa.

   b) No dia combinado com o professor, você vai ler seu texto para a turma e mostrar os desenhos que fez. Ao final, sua fábula será exposta no mural da classe.

Conhecendo outros textos

Leia as fábulas silenciosamente e, depois, em voz alta com a ajuda do professor.

a) **Lobo! Lobo!**

Um menino, cansado de passar o dia todo acompanhando as ovelhas que levava para pastar, resolveu se divertir um pouco. Ao ver um grupo de pessoas, começou a gritar:

"Lobo! Lobo!"

Quando todos chegaram para socorrê-lo, ele caiu na gargalhada.

Repetiu a brincadeira algumas vezes. Gritava "Lobo! Lobo!" e os preocupados habitantes da aldeia vinham correndo, apenas para descobrir que não havia lobo algum.

Certa tarde, enquanto descansava embaixo de uma árvore, escutou um barulho assustador: um lobo acabara de aparecer!

"Lobo! Lobo!", gritou o menino, desesperado.

Mas ninguém o levou a sério, porque já estavam todos acostumados com a brincadeira.

E o lobo devorou todo o rebanho, enquanto o menino corria para salvar a própria vida.

Paulo Coelho. *Fábulas:* histórias de Esopo e La Fontaine para o nosso tempo. São Paulo: Benvirá, 2011. p. 14.

b)

A lebre e a tartaruga

Era uma vez... uma lebre e uma tartaruga.

A lebre vivia caçoando da lerdeza da tartaruga.

Certa vez, a tartaruga já muito cansada por ser alvo de gozações, desafiou a lebre para uma corrida.

A lebre, muito segura de si, aceitou prontamente.

Não perdendo tempo, a tartaruga pôs-se a caminhar, com seus passinhos lentos, porém, firmes.

Logo a lebre ultrapassou a adversária, e vendo que ganharia fácil, parou e resolveu cochilar.

Quando acordou, não viu a tartaruga e começou a correr.

Já na reta final, viu finalmente a sua adversária cruzando a linha de chegada, toda sorridente.

[...]

ESOPO. *Fábulas de Esopo*. Tradução de Adail Sobral. São Paulo: Loyola, 1995.

c)

Os sapos e o poço

Dois sapos viveram em um **pântano** até que um verão muito violento secou toda a água. Eles, então, foram obrigados a buscar um novo lugar para morar.

Pântano: área coberta de águas paradas encontrada próxima de rios.

Depois de alguns dias procurando, encontraram um velho poço, bastante profundo.

Olhando para baixo, um deles disse:

"Este parece ser um lugar agradável. Vamos saltar e nos instalar nele."

Mas seu amigo respondeu:

"Não tão rápido assim. Se o poço secar, como iremos sair daí?"

Paulo Coelho. *Fábulas:* histórias de Esopo e La Fontaine para o nosso tempo. São Paulo: Benvirá, 2011. p. 122.

1 Agora, identifique a moral de cada fábula lida, inserindo nos quadrinhos a letra do texto correspondente.

☐ Sempre pense duas vezes antes de agir.

☐ É impossível acreditar em um mentiroso mesmo quando ele diz a verdade.

☐ Devagar se vai longe.

2 O que geralmente aparece no título das fábulas?

☐ O nome do autor do texto.

☐ O nome das personagens, que quase sempre são animais.

3 A fábula é uma história:

☐ com muitos detalhes sobre as personagens.

☐ curta, sem muitos detalhes sobre as personagens.

4 Em que momento do texto é apresentada a moral em uma fábula?

_____

_____

5 Releia as três fábulas e converse com um colega: fábula é um texto que vocês gostam de ler? Por quê?

Bloco de notas

Fábula

■ Complete o texto.

As fábulas são narrativas curtas. Geralmente, as personagens dessas histórias são animais que apresentam atitudes e sentimentos parecidos com os dos _____.

As fábulas costumam trazer no final um ensinamento, que é chamado de _____.

Andréia Vieira/Arquivo da editora

UNIDADE 5

Descobertas sobre a escrita

1 Com um colega, circule na fábula "O cão e a carne" todas as palavras em que aparece a letra **R**.

- Observe a posição da letra **R** nas palavras. Em que lugares ela aparece?

2 Copie do texto as palavras em que aparecem o **R** e o **RR** entre vogais.

....

- Leia em voz alta essas palavras, observando o som do **R**. Em que palavra o **R** representa um som forte?

....

3 Leia estas palavras, observando o som do **R**.

aranha	careta	carinho
muro	moro	

a) Reescreva essas palavras usando **RR**.

....

....

b) O que você percebeu de diferente ao reescrever as palavras?

☐ Ao se acrescentar mais um **R**, o som tornou-se mais forte e o significado das palavras mudou.

☐ Ao se acrescentar mais um **R**, o som tornou-se mais forte e o significado das palavras permaneceu o mesmo.

c) Pesquise outras palavras com **RR** e escreva-as abaixo.

....

....

4 Observe a posição da letra **R** nas palavras do quadro abaixo.

mar	prata	risada
alegria	porto	rua
pedra	rede	cravo
raio	verde	tarde

- Agora, separe as palavras em três grupos, de acordo com a posição do **R**.

R no início da palavra	R no final da sílaba	R depois de uma consoante

a) Leia em voz alta as palavras de cada coluna, observando o som do **R**.

b) Escreva outras palavras com **R** inicial.

_____

_____

c) O som da letra **R** nas palavras que você escreveu é fraco ou forte?

_____

118 UNIDADE 5

5 Separe as sílabas das palavras com **RR**.

serrote	
carro	
macarrão	
terremoto	
garrafa	
cachorro	

6 O que você observou que aconteceu com o **RR**?

....

....

7 Acrescente a letra **R** e escreva outras palavras.

copo ....

pena ....

pote ....

cata ....

foca ....

moto ....

Diversão em palavras

1 Junte as sílabas e forme palavras.

Dica: em todas as palavras deve aparecer a letra **R**.

_____

_____

2 Complete a cruzadinha.

Dica: todas as palavras têm a letra **R**.

UNIDADE 5

Praticando a fala e a escuta

Agora, você vai escolher uma das fábulas lidas nesta Unidade e apresentar sua versão para os colegas.

1. **Planejamento**

    a) Releia atentamente cada uma das fábulas desta Unidade: "O galo que logrou a raposa", "A raposa e as uvas", "A formiga e a pomba" "O cão e a carne", "Lobo! Lobo!", "A lebre e a tartaruga" e "Os sapos e o poço".

    b) Escolha uma delas para recontar do seu jeito. Mas atenção: se a história tiver moral, você deve mantê-la do modo como está, isto é, com as mesmas palavras.

2. **Ensaio**

    a) Para não se esquecer das principais partes da fábula, anote em uma folha à parte palavras-chave que façam você se lembrar de toda a história.

    b) Em casa, convide os familiares para ouvir você contar a fábula escolhida. Se você se esquecer de alguma parte, retome suas anotações. Ao terminar, pergunte se sua versão ficou clara e se eles entenderam a moral da fábula.

    c) Experimente usar diferentes entonações de voz para dar mais expressividade às personagens e aos diferentes momentos da narração.

    d) Em outro momento, reconte a fábula para você mesmo. Dessa forma, você vai memorizá-la e não precisará mais consultar as anotações.

Ilustrações: Andréia Vieira/Arquivo da editora

121

3. **Apresentação**

   a) Diante da turma, prepare-se para começar a falar.

   b) Apresente o nome da fábula que você vai contar. Use um tom de voz adequado para que todos possam ouvir com clareza.

   c) Enquanto estiver falando, olhe para todos, assim você pode perceber se estão compreendendo o que você está dizendo.

4. **Avaliação**

   - Use o quadro a seguir para avaliar a apresentação da sua versão da fábula e a de cada um dos colegas.

   - Alguma parte importante da história foi esquecida ou ficou confusa?
   - O tom de voz foi adequado para garantir que todos ouvissem?
   - Diferentes entonações foram usadas para valorizar as personagens e os diferentes momentos da narração?
   - Houve atenção e respeito durante a apresentação dos colegas?

Vamos falar sobre...

O que aprendemos ouvindo histórias

Na fábula "A formiga e a pomba", a pomba ajudou a formiga jogando uma folha na correnteza para que ela se apoiasse e flutuasse e, assim, a correnteza não a levasse. Quando surgiu a oportunidade, a formiga ajudou a pomba, livrando-a de um caçador de pássaros, dando uma ferroada no pé dele.

Quando lemos ou ouvimos histórias como essa, acabamos conhecendo alguns modos de agir.

- Converse com um colega sobre estas questões.

   a) Para você, ler e ouvir histórias é importante para pensar sobre o próprio comportamento? Por quê?

   b) Textos como as fábulas servem mais para divertir ou para fazer pensar?

   c) Uma das características da fábula é transmitir um ensinamento. Você concorda com essa afirmação? Se sim, por quê?

      - Se você concorda, cite algo que tenha aprendido e tenha considerado interessante nas fábulas que leu nesta Unidade.

Autoavaliação

Como foi seu aprendizado nesta Unidade?
Reflita sobre estas perguntas.
Depois, marque um **X** na opção que melhor representa seu desempenho.

1. Eu leio e compreendo o sentido de algumas fábulas?			
2. Eu consigo identificar características da fábula?			
3. Eu consigo reescrever uma fábula?			
4. Eu consigo recontar uma fábula?			
5. Eu identifico o espaço que marca o parágrafo em um texto?			
6. Eu sei escrever palavras com a letra **R** em diferentes posições?			

Sugestões

Para ler

- *A Aranha, a Dor de Cabeça e outros males que assolam o mundo*, de Fernanda Lopes de Almeida. São Paulo: Ática, 2008.

    Inspirada em Esopo e La Fontaine, a autora recria, neste livro, 15 fábulas que tratam de temas como a arrogância, a desonestidade, o medo e a intolerância.

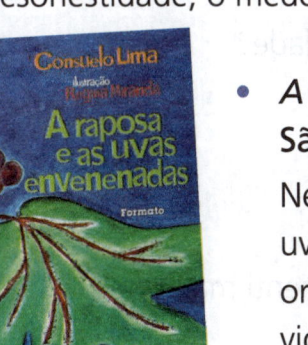

- *A raposa e as uvas envenenadas*, de Consuelo Lima. São Paulo: Formato, 2008.

    Nesta releitura bem-humorada da fábula "A raposa e as uvas", de Esopo, uma lagarta autoritária (e venenosa) ordena que a raposa se afaste das suculentas uvas da videira. Será que ela vai obedecer?

Conectando saberes

Mentira tem perna curta

Você já ouviu falar que "mentira tem perna curta"?
Sabe o que essa expressão quer dizer?
Ela significa que uma mentira, mais cedo ou mais tarde, é descoberta.
No convívio com as pessoas, é importante estabelecer relações de confiança baseadas na sinceridade.
Veja a seguinte situação.

Luana precisa estudar um conto que vai apresentar para os colegas da classe. Ela tem dificuldade de estudar sozinha e fica com vergonha de pedir ajuda.

O pai de Luana pergunta se ela precisa de ajuda.

Imagine duas continuações para essa história.

Ilustrações: Biry Sarkis/Arquivo da editora

1 Lembre-se de uma situação em que você precisou da ajuda de alguém, mas, por alguma razão, mentiu dizendo que resolveria a situação sozinho. Depois, responda às questões a seguir.

a) A pessoa para quem você mentiu descobriu a verdade?

☐ Sim.   ☐ Não.

b) Como você se sentiu ao recusar a ajuda da pessoa?

☐ Eu me senti bem.   ☐ Eu me senti mal.

c) Você acha que, se tivesse aceitado a ajuda, teria sido melhor? Por quê?

Situação A

— Luana, você já estudou o conto que vai apresentar para os colegas?

— Já estudei, sim.

— Que bom, filha. Acho que você vai se sair bem.

Qual será a consequência para Luana nessa situação?

Situação B

— Luana, você já estudou o conto que vai apresentar para os colegas?

— Ainda não; vou precisar de ajuda, pai.

— Sem problema, depois do jantar ajudo você.

E nessa situação, qual será a consequência para Luana?

2 Observe o garoto da imagem ao lado. Ele quebrou o vaso preferido de seus avós. O que ele deve fazer?

☐ Contar que quebrou o vaso mesmo sabendo que os avós vão ficar tristes.

☐ Deixar que os avós descubram o vaso quebrado e, se perguntarem, ele conta que o quebrou.

☐ Deixar que os avós descubram o vaso quebrado e, se perguntarem, ele nega que o quebrou.

UNIDADE 6

Aromas e sabores

Nesta Unidade, você vai:

- Ler uma receita culinária, identificar sua função e reconhecer suas principais partes.
- Identificar letras e palavras escritas em letra cursiva.
- Praticar a escrita em letra cursiva.
- Refletir sobre a variação em número das palavras (plural).
- Escrever uma receita culinária.
- Simular apresentação em programa de receitas culinárias.

Observe a imagem ao lado e converse com os colegas sobre estas questões.

1. O que você vê na imagem?
2. Que sensação essa imagem lhe transmite? O que ela faz você imaginar?
3. Nesta fotografia foram usados bonecos. Uma situação como essa seria possível na vida real sem o uso de bonecos? Por quê?
4. Para você, o que esta imagem pretende comunicar?
5. Qual é a relação entre esta imagem e o título da Unidade?
6. Você considera a alimentação importante? Por quê?

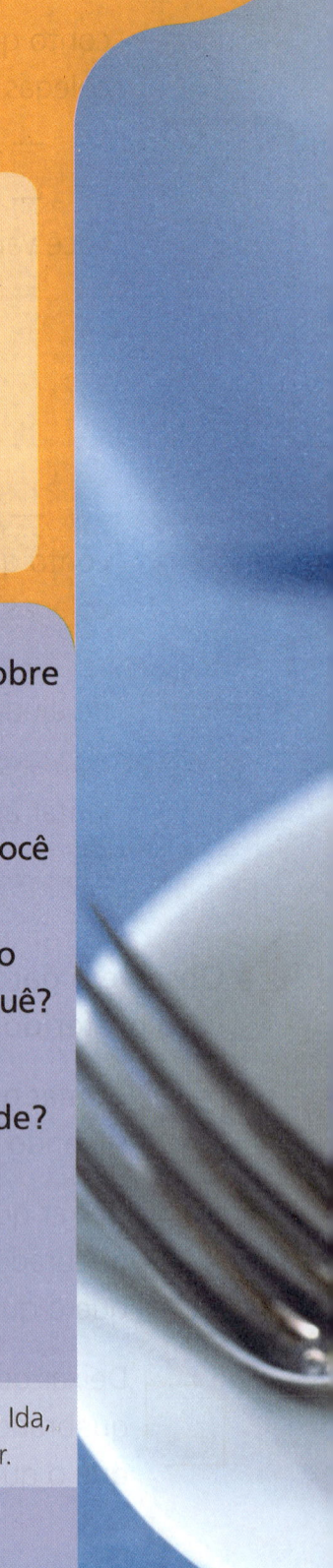

Paris-Brest, de Pierre Javelle e Akiko Ida, 2004. Fotografia. Coleção particular.

126

Receita culinária

1 Quais são suas três comidas preferidas? Faça desenhos para representá-las.

a) Mostre seus desenhos aos colegas. Diga o nome de cada prato e por que eles são seus preferidos.

b) Agora, escreva o nome desses pratos.

_____

_____

2 Você sabe ou gostaria de saber preparar algum prato? Se sim, qual?

3 Se você e os colegas quisessem preparar um prato, mas não soubessem como, o que vocês fariam para aprender? Pensem em diferentes possibilidades.

a) Se vocês pudessem consultar um texto, qual destes usariam?

☐ Uma fábula.

☐ Uma notícia.

☐ Uma receita.

b) Onde vocês procurariam esse texto?

☐

☐

☐

☐

■ Conhecendo o texto

O texto a seguir ensina a preparar um doce. Leia o título e observe as ilustrações. Depois, leia silenciosamente a receita completa e confira como ele é preparado.

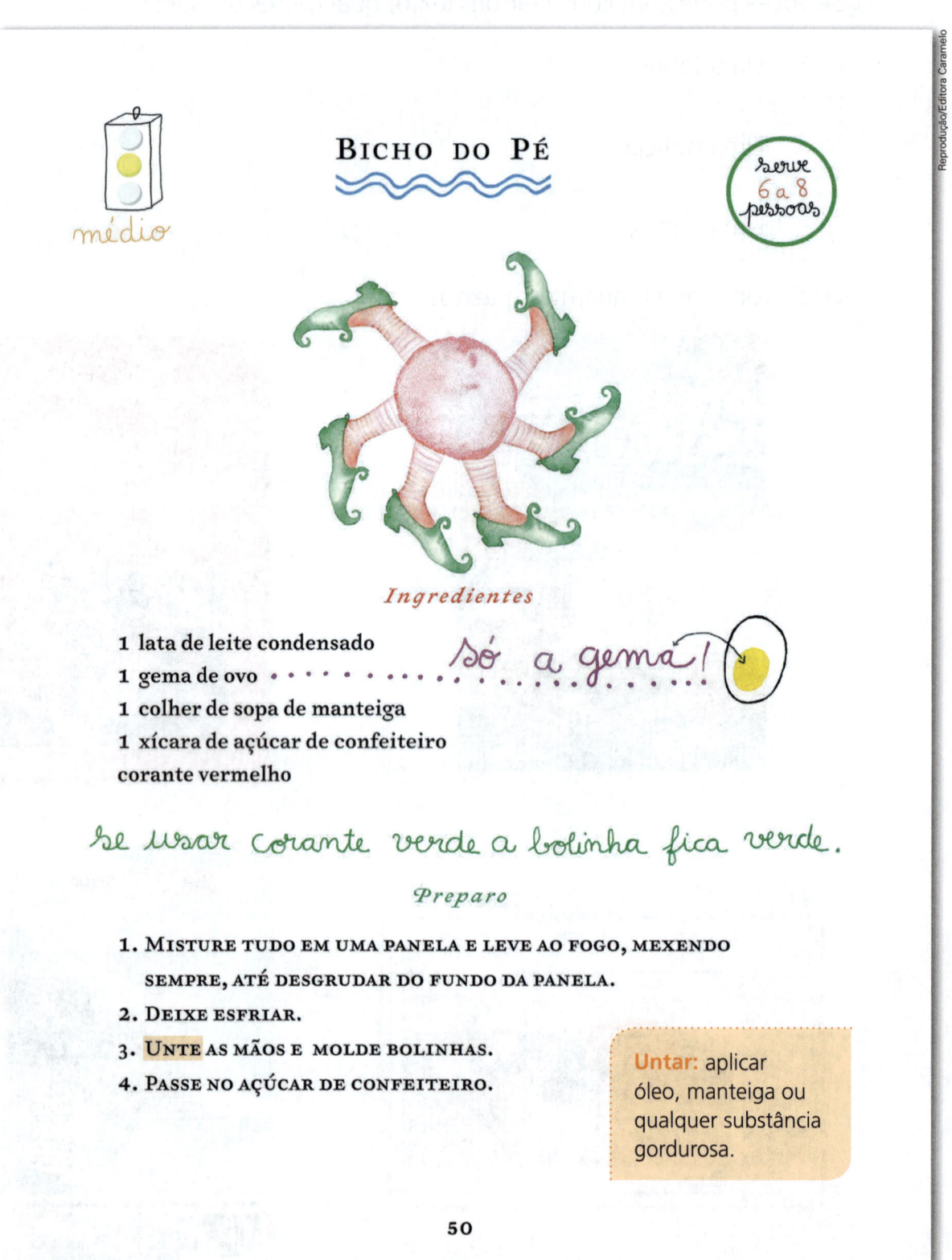

Carla Pernambuco e Pinky Wainer. *Juju na cozinha do Carlota*. São Paulo: Caramelo, 2004. p. 50-51.

1) **Qual é o nome do doce dessa receita culinária?**

....

a) Você conhecia esse doce?

....

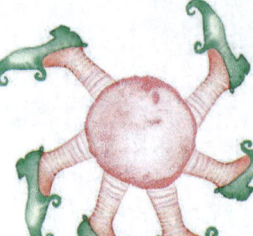

b) Observe novamente a ilustração da receita. O que ela representa? Converse com os colegas.

2) **Para que essa receita foi escrita?**

....

3) **Para quem ela foi escrita?**

....

a) Quem a escreveu?

....

b) É possível saber a profissão das autoras da receita? Em geral, quem costuma escrever receitas como essa? Converse com os colegas.

4) **Observe as ilustrações.**

I    II

a) Que mensagem a ilustração I transmite?

....

b) O que a ilustração II indica para a pessoa que vai preparar a receita?

....

....

UNIDADE 6

5 Em quantas partes a receita está dividida? ☐

- Quais são os nomes dessas partes? Conte a um colega.

6 Reúna-se com um colega e releiam a receita com atenção. Depois, respondam a estas perguntas.

a) É possível preparar a receita sem as informações da página 131?

☐ sim   ☐ não

b) Para que servem o texto escrito e as ilustrações apresentados nessa página?

☐ Dar dicas sobre a compra dos ingredientes.

☐ Fornecer informações adicionais sobre os ingredientes e o preparo da receita.

☐ Mostrar como são algumas das etapas do preparo do doce.

7 Nessa receita, em que quantidade cada ingrediente deve ser usado? Ligue as colunas.

açúcar de confeiteiro   1 colher de sopa

leite condensado   1 xícara

manteiga   1 lata

- Converse com um colega sobre as questões a seguir. Depois, anote suas conclusões.

a) Por que a receita indica que a colher deve ser **de sopa**, e não outra colher?

....

b) Nas receitas, a medida de uma xícara pode ser usada para outros ingredientes? Dê exemplos.

c) Que outros objetos costumam ser usados para medir a quantidade dos ingredientes de uma receita?

133

8 Quase todos os ingredientes dessa receita podem ser usados em qualquer ordem, menos um. Que ingrediente é esse?

_____

9 O que acontece se a ordem do preparo for mudada? Explique.

10 Como deve estar a massa dos docinhos para ser moldada?

☐ fria ☐ quente ☐ crua

11 As receitas trazem palavras como **bata**, **mexa** e **misture**.

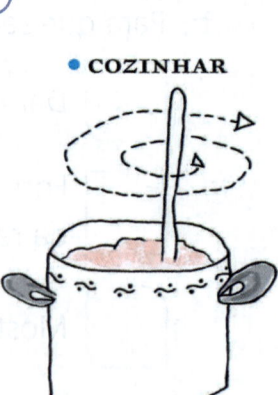

a) No preparo da receita do bicho do pé, que palavras como essas foram usadas?

_____

_____

b) O que essas palavras indicam?

_____

_____

12 Você acha que essa receita foi escrita para crianças ou para adultos? Por quê? Explique aos colegas e ao professor.

13 A receita foi escrita para crianças, mas precisa ser preparada com a supervisão de um adulto. Por quê?

14 Agora que você já conhece bem uma receita culinária, em que situações você usaria uma?

☐ Para preparar um prato que você nunca fez.

☐ Para convidar um amigo para uma festa de aniversário.

☐ Para relembrar como se prepara uma comida.

UNIDADE 6

15 Se você fosse escrever uma receita, que formato ela teria? Pinte o que escolher.

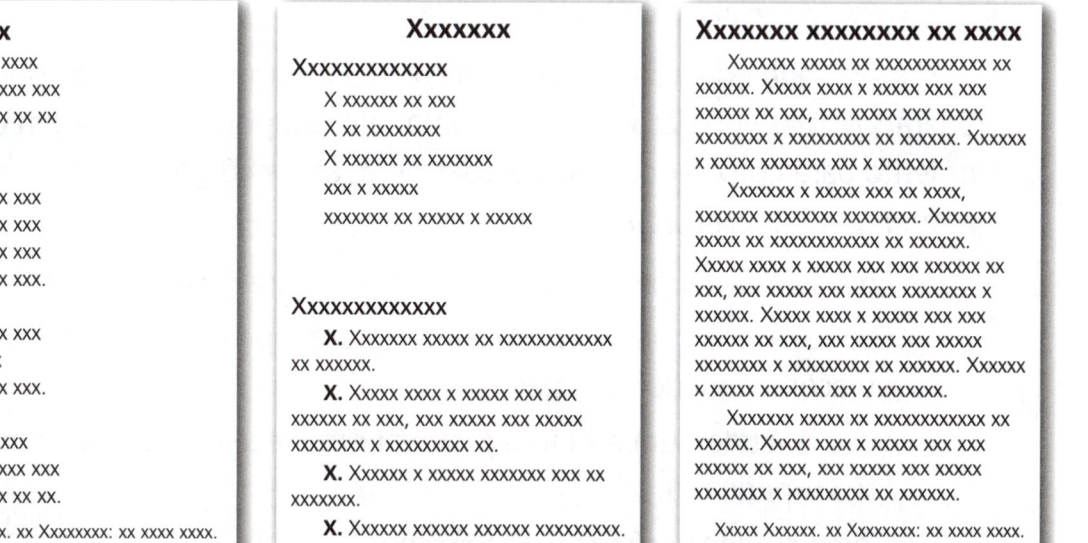

16 A receita que você leu ensina a fazer bicho do pé, um doce de que muitas pessoas gostam. E você, de qual doce gosta mais?

- O professor vai organizar uma conversa e você deverá explicar aos colegas qual é o seu doce preferido e por quê.

Dica: quando um colega estiver falando, demonstre respeito e interesse.

Bloco de notas

Receita culinária

- Leia as palavras do quadro e complete o texto com as informações que faltam.

| prato | ingredientes | texto | preparo |

Receita culinária é um .... que apresenta uma lista de .... e o .... de um ....

Vamos falar sobre...

Alimentação e convivência

Você já sabe que, usando receitas culinárias, pratos deliciosos podem ser preparados. Mas você já pensou que uma refeição pode ser também um momento para conviver com as pessoas de quem você gosta?

- Reflita sobre estas questões e converse com os colegas.

    a) Em sua casa, quem prepara as refeições? Essa pessoa faz isso sozinha?

    b) O que parece mais divertido e interessante: preparar uma receita sozinho ou acompanhado? Por quê?

    c) Você já ajudou um adulto a preparar uma receita? Se sim, conte como foi a experiência.

    d) Como e onde você faz suas refeições?

    e) Você acha adequado fazer as principais refeições assistindo à TV ou manuseando o celular?

Descobertas sobre a escrita

1 Releia este trecho da receita.

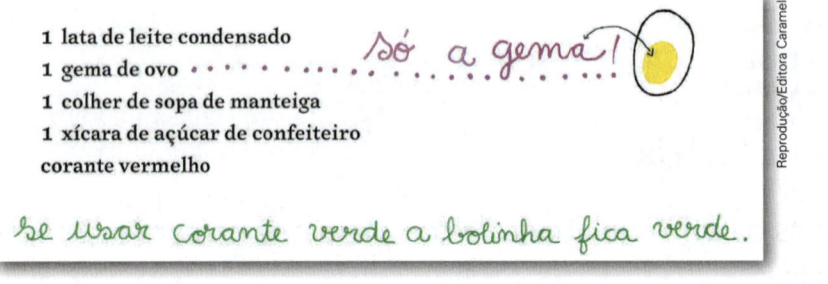

a) Todas as palavras foram escritas com o mesmo tipo de letra? ____

b) Quantos tipos de letra foram usados? ☐

c) O que você percebe de diferente ao comparar esses tipos de letra? Converse com um colega.

As palavras das frases "Só a gema!" e "Se usar corante verde a bolinha fica verde." parecem ter sido escritas à mão. Esse tipo de letra é chamada de **cursiva**.

136 UNIDADE 6

2 Circule na receita de bicho do pé os trechos escritos com letra cursiva.

3 Você já observou o uso da letra cursiva na escola ou em outros lugares? Se sim, onde? Em que textos? Converse com os colegas.

4 Com a ajuda do professor, conheça o alfabeto escrito com letra cursiva.

- Depois, leia as letras em voz alta.

Letras maiúsculas

Letras minúsculas

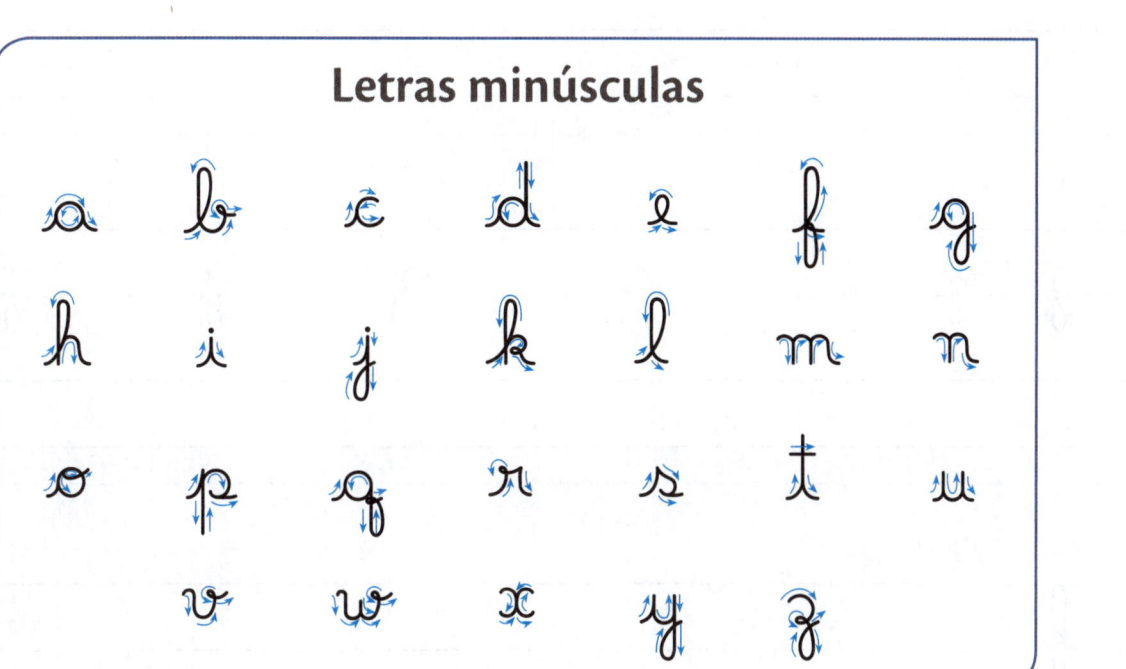

5 Observe abaixo como as letras cursivas minúsculas ocupam o espaço nas linhas de maneiras diferentes. Depois, escreva você mesmo cada uma das letras.

Dica: para fazer o traçado, siga o movimento indicado pelas setas.

a)

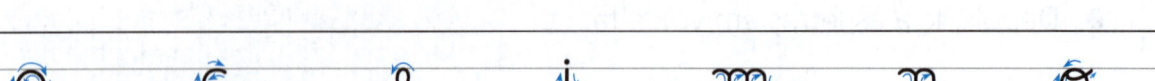

b)

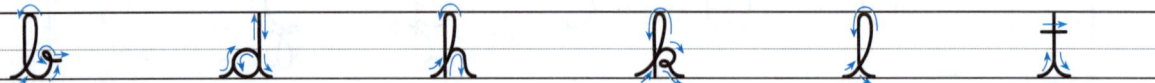

c)

d)

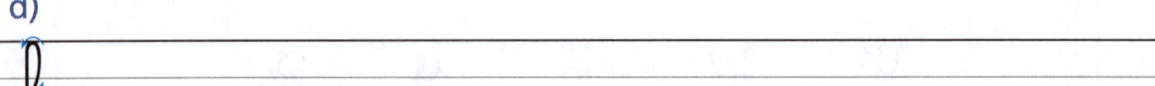

138 UNIDADE 6

6 Agora, faça o mesmo com as letras maiúsculas.

a)

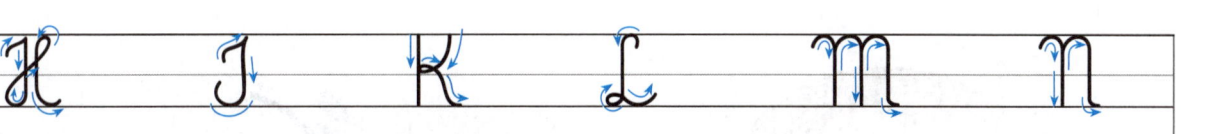

b)

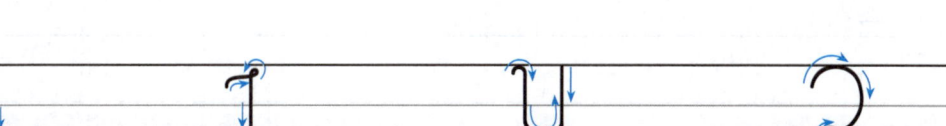

Refletindo sobre a língua

1 Escreva o nome dos ingredientes e das medidas conforme a indicação das imagens.

1 ....

1 ....

6 ....

2 ....

a) Converse com um colega sobre as alterações que vocês tiveram de fazer ao mudar as quantidades dos ingredientes.

b) Reescreva as palavras abaixo usando, primeiro, a letra de imprensa e, depois, a letra cursiva.

ovo ....

colher ....

2 Reescreva os ingredientes da receita. Preste atenção à quantidade indicada no quadrinho para fazer os ajustes. Use letra cursiva.

| 3 | xícara de açúcar |

| 2 | lata de leite condensado |

UNIDADE 6

3 Complete a cruzadinha.

Dica: observe a quantidade de cada figura.

- Escolha uma palavra da cruzadinha e forme uma frase. Escreva essa frase com letra cursiva e, depois, com letra de imprensa.

Letra cursiva

Letra de imprensa

Diversão em palavras

■ Destaque a receita culinária da ficha 10 do **Material Complementar** e cole-a neste espaço. Depois, leia a receita em voz alta e faça uma ilustração para ela.

UNIDADE 6

Entre linhas e ideias

Você vai escrever a receita do seu prato favorito. Ela vai fazer parte de um caderno de receitas da turma, que poderá ser levado para casa pelos colegas.

1. **Planejamento**

    a) Pense no seu prato favorito e tente se lembrar do sabor, imaginando os ingredientes que são usados em seu preparo.

    b) Converse com familiares ou outros adultos que saibam preparar esse prato. Peça que lhe expliquem como ele é feito.

    c) Enquanto vocês conversam, anote as principais informações. Peça ajuda ao adulto, se necessário.

    d) Retome suas anotações e defina quais delas fariam parte da lista de ingredientes e quais entrariam no modo de preparo.

2. **Primeira versão**

    a) Em uma folha à parte, escreva a receita completa. Para isso, consulte suas anotações e procure deixá-las mais completas e detalhadas.

    b) Lembre-se de organizar o texto em duas partes principais: a lista de ingredientes e o modo de preparo.

    c) Garanta que nenhuma informação importante fique de fora. Observe:
    - o nível de dificuldade da receita;
    - a quantidade necessária de cada ingrediente;
    - a ordem em que os ingredientes devem ser usados;
    - as orientações para cada etapa de preparo, por exemplo: **misture**, **bata**, etc.;
    - a quantidade de porções que a receita rende.

    d) Não se esqueça de colocar o título da receita.

3. **Revisão**

   a) Troque sua receita com a de um colega.

   b) Leia o texto do colega e verifique se a receita está bem explicada, com todas as informações necessárias. As perguntas a seguir podem ajudar a fazer essa leitura.

   - O título deixa claro o prato que será preparado?
   - Os ingredientes estão organizados em uma lista logo no início da receita?
   - A quantidade de todos os ingredientes está indicada?
   - Todas as ações necessárias são apresentadas no preparo, como **misture**, **bata** e **mexa**?
   - A sequência das ações está clara e faz sentido?

   c) Ao receber seu texto de volta, avalie os comentários feitos pelo colega e verifique se há ajustes a fazer no texto.

   d) Faça as correções que achar necessárias, pedindo a ajuda do professor se for preciso.

4. **Versão final**

   a) Você e os colegas vão montar um caderno de receitas. Para que todas as receitas tenham forma semelhante, definam um mesmo tipo de folha de papel para todos usarem.

   b) Na folha, passe sua receita a limpo, já considerando as alterações que você fez na primeira versão do texto.

   c) Faça desenhos para ilustrar a receita. Pense em imagens que podem ajudar a complementar as informações do texto escrito.

   d) Reúnam as receitas de todos os colegas e montem o caderno. Definam a ordem de organização dos pratos e façam juntos a capa do caderno.

   e) Combinem com o professor um revezamento para que todos os alunos levem o caderno para casa e possam preparar algumas receitas com a ajuda de um adulto.

   f) Verifiquem com o professor se é possível publicar as receitas em um meio eletrônico (o *site* ou o blogue da escola, por exemplo). Assim, mais pessoas poderão conhecer as receitas escritas pela turma e as preferências culinárias de cada um.

Praticando a fala e a escuta

Você já assistiu a algum programa de culinária? Atualmente, existem diversos deles na televisão e em canais da internet, vistos por diferentes públicos.

Você e os colegas vão simular em sala de aula a apresentação de um programa como esses.

1. **Planejamento**

    a) Com a orientação do professor, assista a alguns programas culinários na televisão ou na internet para ver como eles são. Observe, por exemplo:
    - o cenário e os objetos usados;
    - como as informações são dadas;
    - a voz e o ritmo da fala do apresentador;
    - os gestos do apresentador.

    b) Converse com a turma sobre os programas a que assistiu e o que mais chamou sua atenção.

    c) Forme grupo com alguns colegas e juntos escolham um prato do caderno de receitas produzido na seção **Entre linhas e ideias**. Essa será a receita que vocês apresentarão.

    d) Leiam a receita escolhida e pensem em como as informações seriam apresentadas no programa. Façam anotações das ideias que surgirem.

    e) Entre os integrantes do grupo, definam quem vai apresentar:
    - o programa e o prato que será ensinado;
    - os ingredientes necessários;
    - o modo de preparo.

    f) Façam um roteiro com anotações do que será dito pelos participantes e em que ordem.

    g) Escolham um nome para o programa culinário de vocês.

2. **Ensaio**

   a) Providenciem os objetos necessários para simular os ingredientes ou utensílios de cozinha. Vocês podem utilizar caixas ou material escolar, por exemplo.

   b) Ensaiem a apresentação entre os colegas do grupo. Sigam o roteiro e a ordem planejada de apresentações.

   c) Nos programas culinários, os apresentadores falam olhando para o público ou para a câmera. Além disso, eles sorriem, gesticulam e mostram os ingredientes e o preparo da receita. Pratiquem para fazer o mesmo.

3. **Apresentação**

   a) Diante da turma, imaginem que estão apresentando o programa culinário para mostrar a receita escolhida pelo grupo.

   b) Quando for sua vez de falar, observe sua postura. Mantenha o corpo ereto e olhe para os espectadores. Procure agir com naturalidade.

   c) Lembre-se de mostrar os ingredientes e simular o modo de preparar o prato.

   d) Fale as palavras claramente, com pausas e volume de voz adequado para todos entenderem.

   e) Procure usar palavras que indiquem o que fazer, como **coloque**, **acrescente**, **misture**, **bata**, **deixe**, **unte**, **passe**, etc.

4. **Avaliação**

   - Reflita sobre a realização desta atividade e sobre o resultado da apresentação. Para isso, responda às perguntas deste quadro.

   - Para a escolha da receita, todos os participantes do grupo foram ouvidos com respeito e chegaram a um acordo de maneira educada?
   - Durante a apresentação, o grupo manteve uma boa postura? Olhou para os espectadores, sorriu e movimentou-se adequadamente?
   - O grupo apresentou os ingredientes e o modo de preparo de maneira clara?
   - O grupo escolheu as palavras adequadas para descrever as ações necessárias durante o preparo?
   - Sua participação ajudou o grupo a se apresentar bem?

Autoavaliação

Como foi seu aprendizado nesta Unidade?
Reflita sobre estas perguntas.
Depois, marque um **X** na opção que melhor representa seu desempenho.

1. Eu consigo identificar uma receita culinária?			
2. Eu sei para que uma receita culinária é usada?			
3. Eu sei quais são as principais partes de uma receita culinária?			
4. Eu identifico letras e palavras escritas em letra cursiva?			
5. Eu consigo escrever as letras na forma cursiva?			
6. Eu sei o que mudar em uma frase para indicar que há mais de um elemento (plural)?			
7. Eu sei escrever uma receita culinária?			
8. Eu sei apresentar uma receita culinária como nos programas de televisão?			

Sugestões

Para ler

- *"Verdura? Não!"*: aprendendo sobre nutrição, de Claire Llewellyn. São Paulo: Scipione, 2002.

Os hábitos alimentares de Mônica não são nada saudáveis, mas, com a ajuda de Raquel, ela descobre a importância de se alimentar bem.

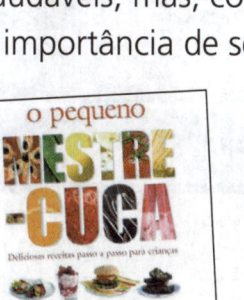

- *O pequeno mestre-cuca*, de Katherine Ibbs. São Paulo: Publifolha, 2005.

Este livro traz 50 receitas ilustradas, dicas sobre utensílios de cozinha e alimentação saudável, especialmente para crianças.

147

Conectando saberes

Afazeres domésticos

Todas as pessoas que vivem em uma casa devem se responsabilizar por esse ambiente, inclusive as crianças. Não se trata de ajudar nos afazeres, mas de dividir as tarefas de acordo com a capacidade e as habilidades de cada um.

Observe a ilustração a seguir, de uma família dividindo as tarefas da casa, e pense sobre o que cada morador está fazendo. Depois responda às atividades.

1) Reflita sobre estas questões e converse com os colegas.

a) Você gostaria de fazer todas as tarefas da casa sozinho? Por quê?

b) Por que todos devem dividir as tarefas da casa? Qual é o efeito positivo dessa atitude?

2) Qual(is) atividade(s) da lista a seguir você já fez ou poderia fazer em sua casa?

☐ Arrumar a cama.

☐ Alimentar o animal de estimação.

☐ Tirar o pó dos móveis.

☐ Arrumar a mesa para as refeições.

☐ Outra. Qual? _____

Ilustrações: Marciano Palácio

UNIDADE 7

Contos e encantos

Nesta Unidade, você vai:

- Ler contos populares e conhecer suas principais características.
- Elaborar regras de convivência.
- Estudar palavras no aumentativo e no diminutivo.
- Conhecer palavras com ideias opostas.
- Refletir sobre o uso de **G** e **J** em algumas palavras.
- Escrever um reconto.
- Fazer um reconto oral.

Observe a imagem ao lado e converse com os colegas sobre estas questões.

1. O que a imagem mostra?
2. Você conhece alguma dessas personagens? Sabe o nome delas?
3. Essas personagens participam da mesma história? Se sim, qual? Se não, de que história cada uma faz parte?
4. De qual dessas personagens você gosta mais? Por quê?
5. De onde essa imagem foi tirada?
6. Por que essas personagens estão nessa imagem?

Participe do **Trabalho em equipe** no final da Unidade!

Cena do filme *Shrek terceiro*.
Direção de Chris Miller.
Estados Unidos, 2007.

151

Conto popular

1 Você vai ler um conto chamado "Cachinhos Dourados e os três ursos". Pense nas pistas que esse título dá sobre a história e responda às questões a seguir.

a) Que animal deve aparecer no conto?

☐ urso ☐ lobo ☐ gato

b) Quantas personagens devem fazer parte da história?

☐ No máximo duas. ☐ Só três. ☐ Quatro ou mais.

c) Qual deve ser uma das personagens?

☐ Uma bruxa ruiva.

☐ Uma menina loira.

☐ Um príncipe moreno.

d) Como serão os cabelos de uma das personagens?

☐ lisos ☐ cacheados ☐ ondulados

e) Onde a história deve acontecer?

☐ Em uma floresta. ☐ No fundo do mar. ☐ No céu.

2 Escolha quatro palavras que provavelmente vão aparecer na história.

☐ pedra ☐ carro ☐ cãozinho ☐ mel

☐ rei ☐ sorvete ☐ mingau ☐ ursão

152 UNIDADE 7

Conhecendo o texto

Acompanhe a leitura do conto que o professor vai fazer para toda a turma. Depois, você deverá retomá-lo e fazer uma leitura silenciosa para entendê-lo melhor.

Cachinhos Dourados e os três ursos

Era uma vez uma família de ursos que morava numa casa na floresta. Havia um Ursão Grandão (o pai), uma Ursa Média (a mãe) e um Ursinho Pequenino (o filho). Eram ursos muito bons, e o Caçador Verde, que cuidava da floresta para o rei, muitas vezes lhes dava o mel que sobrava das colmeias das abelhas selvagens.

Certo dia a Mãe Ursa fez mingau, que era o prato favorito da família. O mingau ainda estava muito quente para comer. Como eles não aguentavam ficar olhando para aquelas tigelas cheirosas e fumegantes, resolveram sair para dar uma caminhada pela floresta.

— Quando voltarmos, o mingau estará no ponto para comer — disse a Mãe Ursa.

Assim que saíram, chegou uma menininha chamada Cachinhos Dourados, que vinha colhendo flores pela floresta. Ao ver a casinha, foi bater à porta. Como ninguém respondeu, é claro, e como a porta estava entreaberta, a menina a empurrou e entrou.

A primeira coisa que viu foi a mesa posta com as tigelas fumegantes.

"Vou sentar e experimentar um pouco", pensou. "Parece que ninguém quis o mingau e é uma pena desperdiçá-lo."

Ela sentou na cadeira maior, mas era grande demais. Experimentou a cadeira da Mãe Ursa, que também era um pouco grande. Então sentou na cadeira pequenina. A perna da cadeirinha quebrou e Cachinhos Dourados foi para o chão.

— Minha nossa! — disse a menina.

Só que ela estava decidida a provar o mingau. Deu a volta na mesa, comendo um pouquinho de cada tigela.

Primeiro ela provou da tigela do Ursão Grandão, que era a maior. Estava quente demais. O mingau da tigela da Mãe Ursa também estava muito quente, mas o último, do Ursinho, estava na temperatura certa, e a menina comeu tudo. Na verdade essa não era sua intenção, só que estava tão delicioso que ela foi provando, provando, até esvaziar a tigelinha.

— Estou cansada de tanto andar — disse Cachinhos Dourados. — Preciso encontrar um lugar para descansar.

Subiu a escada e deitou na cama do Ursão Grandão, mas era grande demais e ela não conseguia se acomodar. Então experimentou a cama da Mãe Ursa, que também ficava sobrando um pouco. A cama do Ursinho era do tamanho certo, e a menina se ajeitou tão bem que logo caiu no sono.

Não demorou muito e os três ursos voltaram do passeio.

— Alguém sentou na minha cadeira — rosnou o Ursão, com sua vozona grossa.

— Alguém também sentou na minha cadeira — disse a Mãe Ursa, com sua voz suave de mãe.

— Alguém sentou na minha cadeira e ela quebrou! — gritou o Ursinho, com sua vozinha fina.

— Alguém provou meu mingau — rosnou o Ursão, com sua vozona grossa.

— Alguém também provou o meu mingau — disse a Mãe Ursa, com sua voz suave de mãe.

— Alguém provou meu mingau e comeu tudo! — gritou o Ursinho, com sua vozinha fina.

Então os ursos subiram as escadas.

— Alguém deitou na minha cama — rosnou o Ursão, com sua vozona grossa.

— Alguém também deitou na minha cama — disse a Mãe Ursa, com sua voz suave de mãe.

— Alguém deitou na minha cama e está aqui! — gritou o Ursinho, com sua vozinha fina.

Bem nessa hora, Cachinhos Dourados acordou.

Viu as caras peludas dos três ursos olhando para ela, deu um berro estridente, pulou da cama, desceu as escadas e saiu da casa correndo, com os cabelos esvoaçantes.

— Ela está com medo de nós! — riu o Ursão, com sua risadona grossa.

— Ela está com medo de nós! — riu a Mãe Ursa, com sua risada suave de mãe.

— Ela está com medo de nós! — riu o Ursinho, com sua risadinha fina.

Cachinhos Dourados não parou nem para tomar fôlego, até chegar a sua casa, sã e salva. E nunca mais entrou em nenhuma casa com a porta entreaberta. Pois, pelo que sabia, aqueles três ursos poderiam tê-la devorado. Como podia saber que ursos só gostam de mingau e de mel?

Conto popular de autoria desconhecida, recontado por Helen Cresswell.
Contos de fadas clássicos. São Paulo: Martins Fontes, 2002. p. 11-15.

1 Qual foi sua primeira impressão sobre o conto? Você gostou da história? Conte aos colegas o que você achou e ouça a opinião deles.

2 Onde a história acontece?

3 Quem são as personagens da história?

4 Observe a ilustração. Por que essa personagem é chamada de **Cachinhos Dourados**?

■ Você conhece outras personagens que têm nomes relacionados à aparência delas ou dos objetos que usam? Converse com um colega e anotem os exemplos em que pensarem.

156 UNIDADE 7

5) O que você havia imaginado sobre o conto se confirmou durante a leitura? O que foi igual e o que foi diferente? Converse com os colegas.

6) Ao longo da história, é possível imaginar o porte físico dos ursos. Ligue cada personagem à palavra que ajuda a definir sua aparência.

média

grandão

pequenino

7) Releia este trecho do conto e observe as partes destacadas para responder às questões.

> O mingau da tigela da Mãe Ursa também estava muito quente, mas o último, do Ursinho, estava na temperatura certa, e a menina comeu tudo.
> Na verdade essa **não era sua intenção**, só que estava tão delicioso que ela foi **provando, provando**, até esvaziar a tigelinha.

a) A menina comeu todo o mingau de propósito?

☐ sim   ☐ não

b) Como ela comeu o mingau?

☐ De uma vez só.   ☐ Aos pouquinhos.

8 Releia este trecho do conto.

> Como eles não aguentavam ficar olhando para aquelas tigelas cheirosas e **fumegantes**, resolveram sair para dar uma caminhada pela floresta.

Agora, observe como ele foi reescrito.

> Como eles não aguentavam ficar olhando para aquelas tigelas cheirosas e **quentes**, resolveram sair para dar uma caminhada pela floresta.

- As palavras destacadas têm significado parecido, mas transmitem uma impressão diferente. Que diferença é essa?

9 Por que a menina fugiu da casa dos ursos?

10 Os ursos da história eram perigosos?
- Circule no texto trechos que confirmem sua resposta.

11 Que lição Cachinhos Dourados aprendeu com essa aventura?

Vamos falar sobre...

Respeito

Você se importaria se revirassem suas coisas sem a sua permissão? Se sentiria à vontade em pegar algo que não é seu?

Mexer nos pertences alheios, invadir o espaço do outro e pegar o que não é seu são atitudes de desrespeito ao próximo.

- Converse com os colegas e o professor sobre estas questões.
    a) A atitude de Cachinhos Dourados foi correta? Por quê?
    b) Como você teria agido se estivesse no lugar dela? Que conselho você daria à menina?

UNIDADE 7

Entre linhas e ideias

A sala de aula deve ser um ambiente agradável para alunos e professores, livre de atitudes desrespeitosas. Para isso, é necessário que existam regras claras para todos. Pensando nisso, você e os colegas vão criar regras para uma boa convivência em grupo e, depois, escrever um cartaz.

1. **Planejamento**

    a) Pense em atitudes que não deveriam acontecer em sala de aula por prejudicar a relação entre colegas e professor ou o próprio ambiente. Faça anotações.

    b) Apresente aos colegas as atitudes em que você pensou e ouça com atenção o que eles têm a dizer.

    c) Com toda a turma e com o professor, conversem sobre atitudes que consideram importantes para que o ambiente seja respeitoso. Pensem em como combater os problemas apresentados e nas atitudes que ajudam a tornar a sala de aula mais legal.

    d) Montem uma lista com as atitudes com que todos concordam e que consideram as mais importantes.

2. **Primeira versão**

    a) Reúnam-se em grupos menores.

    b) Distribuam entre os grupos os itens da lista que prepararam.

    c) Cada grupo deve redigir as regras de convivência pelas quais ficou responsável, por exemplo: "Todos os alunos devem esperar sua vez de falar para que todos possam se ouvir".

3. **Revisão**

    a) Releiam as regras que escreveram e verifiquem se algo poderia ser melhorado. Reflitam sobre as questões a seguir.

    > - As regras refletem o que foi combinado com todo o grupo?
    > - Elas estão claras e valem para todos os alunos e professores?

    b) Peçam ao professor que leia os itens redigidos e, então, façam os ajustes necessários.

4. Versão final

a) Com a ajuda do professor, organizem em uma folha grande, como a cartolina, um cartaz para o registro das regras de convivência da classe.

b) Nessa folha, cada grupo deve copiar a regra de convivência que escreveu.

c) O cartaz será fixado na sala de aula para que todos possam ler e seguir os combinados.

d) Se, ao longo do ano, surgir a necessidade de criar novas regras, o cartaz pode ser revisto.

Refletindo sobre a língua

1 Observe e releia o nome dos ursos do conto "Cachinhos Dourados e os três ursos".

> Ursão   Mãe Ursa   Ursinho

a) Qual dessas personagens tem o maior tamanho? _____

b) Qual tem o menor tamanho? _____

c) Nas palavras que você escreveu, circule a parte que é diferente de uma para a outra.

2 Agora, releia este trecho e imagine a risada de cada urso.

> — Ela está com medo de nós! — riu o Ursão, com sua **risadona** grossa.
> — Ela está com medo de nós! — riu a Mãe Ursa, com sua **risada** suave de mãe.
> — Ela está com medo de nós! — riu o Ursinho, com sua **risadinha** fina.

a) Qual risada parece ser mais forte?

☐ risadona   ☐ risadinha

b) E qual risada seria menos forte?

☐ risadona   ☐ risadinha

UNIDADE 7

3 Relembre o momento em que Cachinhos Dourados chega à casa dos ursos. Observe a palavra destacada.

> Assim que saíram, chegou uma menininha chamada Cachinhos Dourados, que vinha colhendo flores pela floresta. Ao ver a **casinha**, foi bater à porta. Como ninguém respondeu, é claro, e como a porta estava entreaberta, a menina a empurrou e entrou.

a) Qual destas imagens melhor representa a casa que a menina viu na floresta?

b) Por que você fez essa escolha? Converse com os colegas e o professor.

c) No mesmo trecho, que palavra você usaria se quisesse representar a outra casa que aparece na ilustração?

4 Estas palavras foram usadas no texto para se referir ao Ursinho. Como seriam se elas se referissem ao Ursão?

vozinha _____   tigelinha _____

cadeirinha _____   risadinha _____

5 No começo da história, os ursos saíram para caminhar porque "não aguentavam ficar olhando para as tigelas cheirosas e fumegantes".

a) Os ursos estavam:

☐ pacientes, ou seja, não ligavam de ficar parados esperando.

☐ impacientes, ou seja, não aguentavam ficar parados esperando.

b) As palavras **pacientes** e **impacientes** têm:

☐ significados iguais.   ☐ significados contrários.

■ Observe a escrita dessas palavras. O que elas têm de diferente?

_____

6 Acrescente no início destas palavras a sílaba **in** e descubra como cada urso se sentiu com a bagunça feita por Cachinhos Dourados.

O Ursinho ficou _____ feliz ao ver sua tigelinha vazia.

O Ursão foi _____ capaz de ficar bravo com Cachinhos Dourados.

Ilustrações: Cris Eich/Arquivo da editora

162 UNIDADE 7

Diversão em palavras

1 Será que você se lembra bem do conto "Cachinhos Dourados e os três ursos"? Teste sua memória completando as frases. Depois, leia-as silenciosamente e confira se acertou.

Quando viu a casinha dos ursos, Cachinhos Dourados estava colhendo

_____.

_____ é o prato favorito da família urso.

O mingau da _____ da Mãe Ursa também estava muito quente.

Cachinhos Dourados viu a casinha e bateu à _____, mas ninguém apareceu.

A menina sentou-se em uma _____ pequenina e caiu no chão.

2 Agora, use as palavras que você escreveu e complete a cruzadinha.

M _ _ _ _
C
T
F
P _ _ _ _

Ilustrações: Adolar/Arquivo da editora

163

◼ **Conhecendo outros textos**

Você vai ler mais um conto popular. Mas, desta vez, o título do conto foi apagado! Qual será o nome dessa história?

◼ Os títulos a seguir são de contos populares. Observe a ilustração e tente descobrir qual história você vai ler. Marque sua escolha com um **X**.

☐ A Gata Borralheira

☐ Branca de Neve

☐ Chapeuzinho Vermelho

☐ O Rei Sapo

☐ Rapunzel

• Com base na ilustração e no título que escolheu, como você acha que será a história? Converse com os colegas.

Agora que você já sabe o nome da história e imagina o que pode acontecer nela, acompanhe a leitura do conto que o professor vai fazer e veja se acertou.

Era uma vez a filha de um rei que entrou no bosque e sentou-se à beira de um poço de água fresca. Ela se divertia jogando uma bola de ouro, seu brinquedo predileto, para o alto e pegando-a no ar. Numa das vezes, ela arremessou a bola alto demais e estendeu as mãos com os dedos dobrados para apanhá-la, mas a bola escapou, **quicando** no chão ao seu lado, e acabou rolando para dentro da água.

> **Quicar:** bater em uma superfície e voltar, pular.

Assustada, a filha do rei tentou avistar a bola, mas o poço era tão fundo que não se via o chão. Então ela começou a chorar muito e a se lamentar: "Ai, ai, eu daria tudo para ter minha bola de volta: minhas roupas, minhas pedras preciosas, minhas pérolas e tudo que eu possuísse no mundo".

UNIDADE 7

Enquanto ela se queixava, um sapo espichou a cabeça para fora da água e disse: "Filha do rei, por que você se lamenta tanto?". "Ai, seu sapo **asqueroso**, como você poderia me ajudar! Minha bola de ouro caiu no fundo do poço", disse ela. O sapo então disse: "Suas pérolas, suas pedras preciosas e seus **trajes** não me interessam, mas, se você me aceitar como seu companheiro e permitir que eu me sente ao seu lado e coma de seu pratinho dourado, que eu durma na sua caminha e me tratar bem e me amar, trarei sua bola de volta". Mas que conversa é essa, a desse sapo imbecil?, pensou a filha do rei, ele não pode sair de dentro da água, mas talvez ele possa buscar minha bola, então simplesmente vou dizer sim. E assim o fez: "Por mim, primeiro busque minha bola de ouro e tudo está prometido". O sapo afundou a cabeça na água, mergulhou fundo e, sem demora, voltou à superfície com a bola de ouro na boca, arremessando-a para fora do poço. Ao rever sua bola de ouro, a princesa foi correndo pegá-la, e estava tão feliz em tê-la novamente em suas mãos que não pensou em mais nada a não ser em voltar para casa. O sapo gritou, chamando: "Espere, filha do rei, me leve com você, como prometeu". Mas ela não lhe deu ouvidos.

> **Asqueroso:** que causa nojo.
> **Traje:** roupa.

No dia seguinte, a princesa estava sentada à mesa quando ouviu alguma coisa subindo a escadaria de mármore, splesh, splash! splesh, splash! Logo em seguida, ouviu baterem na porta e alguém chamando: "Filha mais nova do rei, abra a porta!". Ela foi correndo abrir a porta e lá estava o sapo, de quem já tinha se esquecido. Muito assustada, ela bateu a porta **afobada** e voltou a sentar-se à mesa. O rei, porém, percebeu seu coração disparado e perguntou: "Você está com medo de quê?". "Tem um sapo asqueroso ali fora", disse ela, "ele tirou minha bola de ouro do poço e em troca eu prometi ser sua companheira, mas eu jamais imaginei que ele pudesse sair da água, só que agora ele está ali na porta e quer entrar." Em seguida, o sapo bateu na porta uma segunda vez e chamou:

"Filha mais nova do rei,
abra a porta,
não se lembra do que disse
ontem
à beira do poço de água fria?
Filha mais nova do rei,
abra a porta."

Afobado: apressado, agitado.

O rei então disse: "O que você prometeu, tem de cumprir. Vá abrir a porta para o sapo". Ela obedeceu e o sapo entrou aos pulos, seguindo seus passos até a cadeira. Quando ela voltou a se sentar, ele pediu: "Agora me coloque em uma cadeira ao seu lado". A filha do rei não queria, mas o rei obrigou que ela o fizesse. Quando estava sentado, o sapo disse: "Agora me passe o seu prato dourado, quero comer junto com você". Também isso ela teve de fazer. Depois de satisfeito, o sapo disse: "Agora estou cansado e quero dormir, me leve ao seu **aposento**, prepare sua caminha para que possamos deitar". Ao ouvir tais palavras, a filha do rei ficou apavorada, pois tinha nojo do sapo frio, não tinha coragem de tocá-lo, e agora ele queria dormir na cama dela. Ela começou a chorar e se recusou. Furioso, o rei ordenou que ela cumprisse o que havia prometido e não o desonrasse. Não tinha jeito, ela tinha de satisfazer a vontade do pai, mas sentia imensa raiva em seu coração. Pegando o sapo com dois dedos, levou-o ao seu quarto, deitou-se na cama e, em vez de colocá-lo ao lado dela, atirou-o contra a parede, ploft. "Pronto, agora você vai me deixar em paz, sapo asqueroso!"

Aposento: quarto.

Mas o sapo não morreu e antes de cair se transformou num belo e jovem príncipe. Este, sim, era seu querido companheiro e, cumprindo a promessa, os dois adormeceram felizes lado a lado. Na manhã seguinte, uma esplêndida carruagem com oito cavalos **encilhados**, **espanada** e brilhando feito ouro aguardava do lado de fora, conduzida por Henrique, o criado do príncipe, que, de tanto sofrimento por ver seu príncipe transformado em sapo, amarrara três correntes de ferro no peito para que seu coração não explodisse de tristeza. O príncipe embarcou com a filha do rei na carruagem e o fiel criado levantou-se atrás deles e conduziu-os para casa. Depois de terem percorrido um trecho, o príncipe ouviu um tremendo **estrondo** atrás de si e ao voltar-se gritou: "Henrique, a carruagem está arrebentando!".

"Não, senhor, não é a carruagem, não.
São as correntes do meu coração,
que ficou sofrendo
por vê-lo preso ao poço
transformado em sapo."

Encilhado: com a sela.
Espanado: limpo.
Estrondo: barulho forte.

O príncipe ouviu o estrondo uma vez mais e outra ainda, e pensou que a carruagem estivesse se partindo, mas eram apenas as correntes do coração do fiel Henrique se soltando porque seu patrão agora estava salvo e feliz.

Jacob Grimm e Wilhelm Grimm. *Contos maravilhosos infantis e domésticos*. São Paulo: Cosac Naify, 2012. Tomo 1. p. 35-39.

Conhecidos como **irmãos Grimm**, Jacob e Wilhelm Grimm nasceram na Alemanha por volta de 1780.

Quando estavam na universidade, fizeram pesquisas sobre a cultura do seu país e passaram a ouvir os contos populares da tradição oral.

Eles, então, reuniram e registraram por escrito mais de 200 histórias, entre elas **Chapeuzinho Vermelho**, **Cinderela**, **Branca de Neve**, **Rapunzel**, **João e Maria** e **O Rei Sapo**.

1 Antes de ler o conto, você adivinhou seu título. Agora que conhece a história, como você explicaria ela ser chamada de **O Rei Sapo**? Conte aos colegas.

2 Que personagens aparecem nessa história?

....

....

3 Onde a princesa estava brincando com sua bola de ouro? E onde o brinquedo caiu?

....

4 Quem ajudou a princesa a recuperar seu brinquedo?

....

5 Releia o trecho em que o sapo oferece ajuda à princesa.

> [...] "Suas pérolas, suas pedras preciosas e seus trajes não me interessam, mas, se você me aceitar como seu companheiro e permitir que eu me sente ao seu lado e coma de seu pratinho dourado, que eu durma na sua caminha e me tratar bem e me amar, trarei sua bola de volta".

- Ao dizer isso, o sapo demonstra que ajudaria a princesa porque:

☐ queria a riqueza da princesa.

☐ queria o amor e a companhia da princesa.

☐ queria virar rei.

6 Agora, releia este trecho.

> [...] Mas que conversa é essa, a desse sapo imbecil?, pensou a filha do rei, ele não pode sair de dentro da água, mas talvez ele possa buscar minha bola, então simplesmente vou dizer sim. E assim o fez: "Por mim, primeiro busque minha bola de ouro e está tudo prometido".

a) A princesa tinha a intenção de cumprir a promessa que fez ao sapo?

b) E por que ela fez a promessa?

c) Você acha que a atitude da princesa foi correta? Por quê? Converse com os colegas.

7 Você acha que a atitude do sapo, de pedir algo em troca de um favor, é correta? Converse com um colega.

8 Releia o conto e procure o trecho em que o sapo chega à casa da princesa.

a) Circule as palavras que representam o som do sapo subindo as escadas.

b) Repita essas palavras em voz alta e imagine o sapo subindo as escadas. Como você acha que ele subiu?

- Assinale todas as opções que achar adequadas. Se quiser, acrescente outra resposta.

☐ rápido   ☐ com dificuldade

☐ devagar   ☐ espirrando água

☐ com facilidade   ☐ em silêncio

☐ _____

9 Não é possível saber exatamente a época em que a história aconteceu. Que expressão no início do conto confirma isso?

UNIDADE 7

10 Qual foi a atitude do rei ao saber da promessa da filha?

_____

- Você acha que o rei agiu certo? Por quê? Converse com os colegas.

11 Releia o trecho em que o sapo se transforma em príncipe. Observe as palavras destacadas.

> [...] Pegando o sapo com dois dedos, levou-o ao seu quarto, deitou-se na cama e, em vez de colocá-lo ao lado dela, atirou-o contra a parede, ploft. "Pronto, agora você vai me deixar em paz, sapo **asqueroso**!"
>
> Mas o sapo não morreu e antes de cair se transformou num **belo** e jovem príncipe. Este, sim, era seu querido companheiro e, cumprindo a promessa, os dois adormeceram felizes lado a lado.

a) Copie as palavras destacadas ao lado daquelas que têm significado semelhante.

bonito, lindo, _____

nojento, horrível, _____

b) Você acha que a princesa ficou feliz com a transformação do sapo? Sublinhe no trecho acima as palavras que justificam sua resposta.

12 De qual conto você mais gostou: "Cachinhos Dourados e os três ursos" ou "O Rei Sapo"? Por quê? Conte aos colegas e ao professor.

- Das personagens que apareceram nessas histórias, qual é a sua favorita? E de qual você menos gostou? Por quê?

Descobertas sobre a escrita

1 Releia estas palavras do conto "O Rei Sapo" e circule as letras **G** e **J**.

> coragem   traje

- Agora, fale as palavras em voz alta e preste atenção no som representado pelas letras que você circulou.
  - O som representado pelas letras **G** e **J** nessas palavras é:

    ☐ igual.   ☐ diferente.

2 Em que veículo o criado Henrique foi buscar o príncipe e a princesa?

Dica: se tiver dúvida, releia a parte final do conto.

....

Cris Eich/Arquivo da editora

a) Essa palavra é escrita:

   ☐ com **G**.   ☐ com **J**.

b) Você teve dúvida ao escrever essa palavra? Por quê?

3 Destaque as sílabas da ficha 11 do **Material Complementar** e cole-as nos quadrinhos abaixo para formar palavras com **G** ou **J**. Depois, escreva-as.

a) ☐ ☐ ☐

b) ☐ ☐ ☐ ☐

c) ☐ ☐ ☐

d) ☐ ☐ ☐

e) ☐ ☐ ☐

f) ☐ ☐

UNIDADE 7

Entre linhas e ideias

Há muito tempo, os contos populares vêm sendo contados pelos adultos para as crianças e assim são passados de geração a geração.

Quando você for adulto, talvez também conte essas histórias para outras crianças.

Alguns escritores, como os irmãos Grimm, registraram essas histórias em livros. Agora, você vai viver essa experiência: escrever um conto que foi narrado por um adulto, para que outras crianças possam conhecê-lo.

1. **Planejamento**

    a) Escolha um adulto com quem você convive e que possa lhe contar uma história. Convide essa pessoa e combinem local e data.

    - Ao fazer o convite, peça ao adulto que selecione um conto que tenha ouvido de alguém mais velho. Assim, ele se prepara com antecedência.

    b) No dia combinado, leve caderno e lápis para o encontro.

    c) Ouça a história com atenção. Depois, peça à pessoa que a repita para que você faça anotações das partes mais importantes, para não esquecê-las.

    - Se surgirem dúvidas ou se algum acontecimento da história não ficar muito claro, não deixe de fazer perguntas.

    d) Lembre-se de anotar o título do conto.

2. **Primeira versão**

    a) Em uma folha à parte, escreva o conto que você ouviu. Consulte suas anotações para que nenhuma parte importante fique de fora.

    b) Acrescente detalhes ao seu texto, deixando-o mais atraente para o leitor.

    - Se possível, faça a escrita ainda na presença do adulto que lhe contou a história. Assim, você poderá tirar dúvidas que possam surgir.

3. **Revisão**

   a) Releia o texto que você escreveu e procure avaliar se o conto ficou claro.

   b) Pense sobre as perguntas do quadro a seguir. Elas ajudam a verificar alguns pontos importantes do conto.

   - Quando se passa o conto? É um tempo indefinido?
   - Que expressão você usou para indicar que o tempo é indefinido?
   - Onde a história se passa?
   - Quem são as personagens do conto? Elas têm um nome?
   - As principais características das personagens foram mostradas?
   - Qual é o conflito do conto?
   - No final, o conflito se resolve?

   c) Mostre seu texto ao professor e peça a ele que faça sugestões.

   d) Com base na sua revisão e nas sugestões do professor, pense em como você poderá melhorar o seu texto.

4. **Versão final**

   a) Reescreva o texto fazendo os ajustes necessários. Utilize apenas um lado da folha de papel. Se o espaço não for suficiente, use mais de uma folha e numere-as na sequência. Seu conto será afixado no mural; portanto, não utilize o verso da folha.

   b) Não se esqueça de incluir o título do conto.

   c) Ao final do texto, indique a autoria.
   - Escreva "Conto popular recontado por" e acrescente o nome da pessoa que lhe contou a história e, em seguida, seu nome.

   d) Faça uma ilustração. Pense em uma imagem importante para a história e procure preencher os espaços em branco da folha.

   e) Com os colegas e o professor, monte um mural na escola, para que os colegas de outras turmas possam ler os contos que foram produzidos. Aproveite para ler os contos dos colegas.

Praticando a fala e a escuta

Você conheceu e registrou um conto popular contado por um adulto de seu convívio. Agora, você vai experimentar como é recontar essa mesma história aos colegas e ao professor, só que oralmente.

1. **Planejamento**

    a) Retome as anotações que você fez enquanto ouvia o conto, na proposta inicial da seção **Entre linhas e ideias**.

    b) Verifique se os momentos mais importantes da história estão registrados nas anotações. O professor poderá ajudar nesta tarefa.

    Na introdução

    - Há indicações do tempo e do espaço onde se passa a história?
    - Não está faltando nenhuma personagem?

    No desenvolvimento

    - As ações e atitudes das personagens estão marcadas?
    - Os acontecimentos estão na ordem em que aparecem no conto?
    - Existe um evento importante que muda a rotina das personagens?

    Na conclusão

    - O modo como a história termina está claro?

    c) Considere essas anotações como um roteiro para apoiar a sua fala. Portanto, faça os ajustes necessários para deixar as informações claras e na ordem em que devem ser apresentadas.

    d) Procure se lembrar do momento em que você ouviu a história:
    - Durante o reconto, a pessoa fazia diferentes vozes para as falas das personagens?
    - Ela se expressava com naturalidade?
    - Houve algum momento em que ela criou um suspense ou fez pausas mais longas na fala?

    - Com base nessas questões, pense nos recursos que você quer usar para contar a história do seu jeito e deixá-la atraente.

2. **Ensaio**

    a) Seguindo o roteiro, pratique o reconto em voz alta. Você pode fazer isso sozinho ou então convidar um colega ou um familiar para assistir ao seu ensaio.

    ■ Se possível, convide o adulto que lhe contou a história para ajudá-lo. Ele poderá dar dicas e sugestões importantes sobre o conto.

    b) A cada vez que contar a história, procure consultar menos as anotações do roteiro, até que se sinta preparado para a apresentação.

3. **Apresentação**

    a) No dia combinado com o professor, assista à apresentação dos colegas com interesse e respeito.

    b) Quando for a sua vez, apresente o conto conforme o ensaiado.

    - Escolha bem as palavras no momento de falar, para que todos possam compreender o que está contando.
    - Fale olhando para os colegas, faça gestos e movimente-se pela sala, para prender a atenção de todos.
    - Use um tom de voz que todos possam ouvir, inclusive aqueles que estiverem mais longe.
    - Procure fazer pausas nos momentos mais importantes da história. Mude o ritmo e a entonação quando quiser, por exemplo, fazer suspense.
    - Imite sons que ajudem os colegas a imaginar a história: campainhas, passos, batidas à porta.

    c) Ao final, agradeça aos colegas pela atenção.

4. **Avaliação**

    a) Converse com os colegas e o professor sobre cada uma das apresentações. As perguntas a seguir podem ajudá-lo nessa avaliação.

    - O conto foi facilmente entendido e tem começo, meio e fim?
    - Foi possível identificar as personagens?
    - A história ficou interessante e prendeu a atenção do público?
    - Todos puderam escutar com clareza?
    - O apresentador se sentiu confortável enquanto falava?

    b) Reflita sobre sua participação, os pontos positivos e as possíveis melhorias para as próximas oportunidades.

Autoavaliação

Como foi seu aprendizado nesta Unidade?
Reflita sobre estas perguntas.
Depois, marque um **X** na opção que melhor representa seu desempenho.

1. Eu conheço contos populares e suas principais características?			
2. Eu sei elaborar regras de convivência?			
3. Eu reconheço palavras no aumentativo e no diminutivo?			
4. Eu sei escrever palavras com ideias opostas?			
5. Eu sei usar corretamente as letras **G** e **J**?			
6. Eu sei escrever um reconto?			
7. Eu consigo fazer um reconto oralmente?			

Sugestões

Para ler

- *A ervilha que não era torta... mas deixou uma princesa assim*, de Maria Amália Camargo. São Paulo: Caramelo, 2012.

  Em uma noite chuvosa, a princesa Emília Ercília bate à porta de um castelo. A rainha, no entanto, não acredita em sua realeza e decide testá-la. História baseada no clássico "A princesa e a ervilha", de Hans Christian Andersen.

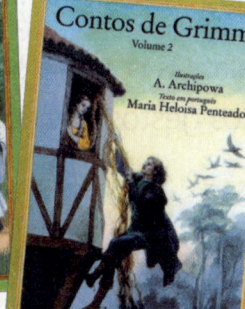

- *Contos de Grimm*, texto em português de Maria Heloisa Penteado. São Paulo: Ática, 2008. Volumes 1 e 2.

  Os dois volumes apresentam vários contos dos irmãos Grimm, como "O Gato de Botas", "Cinderela", "A guardadora de gansos" e "Os músicos de Bremen".

177

Trabalho em equipe

Contos e encantos

Nesta Unidade, você leu dois contos populares que apresentam situações mágicas e personagens como príncipe, princesa e animais.

Agora, você e os colegas vão se reunir para recontar em grupo um desses contos ou outro que escolherem. O público serão os alunos das outras turmas de 2º ano.

Etapas

1 Pensando sobre o tema

a) Releiam os contos da Unidade e pesquisem outros do seu interesse para apresentá-los para os colegas de grupo. Levem para a sala de aula livros ou contos tirados da internet.

b) Qual deles você gostaria de recontar para os colegas? Apresente sua preferência ao grupo.

c) Ouça as preferências dos colegas e juntos decidam qual conto será recontado.

d) Pensem na forma como o conto será recontado: Qual de vocês fará as falas de cada personagem? As vozes vão mudar para caracterizar as personagens? Vocês usarão roupas diferentes? Haverá um cenário para a história?

e) Como o público entrará no clima da história que vocês vão recontar?

2 Desenvolvendo o trabalho

a) Após escolherem o conto que vão apresentar, façam a leitura em grupo para definirem o elenco que representará as personagens e quem fará o narrador.

b) Depois, cada componente do grupo diz sua fala. Os colegas podem ajudar oferecendo dicas de caracterização da voz e dos gestos das personagens.

c) Ensaiem a apresentação para ajustar os detalhes.

d) Providenciem o material de apresentação com antecedência. Por exemplo, as roupas de cada personagem, os objetos para o cenário, etc.

e) Se vocês se lembrarem de alguma música que tenha relação com o conto, ela pode ser usada de fundo durante a encenação ou na abertura da apresentação.

f) O narrador inicia a apresentação dizendo o título do conto que será apresentado e quem é o seu autor.

g) Cada um aguarda sua vez de falar. Prestem atenção ao volume da voz, à postura diante da plateia e às características da personagem que estão representando.

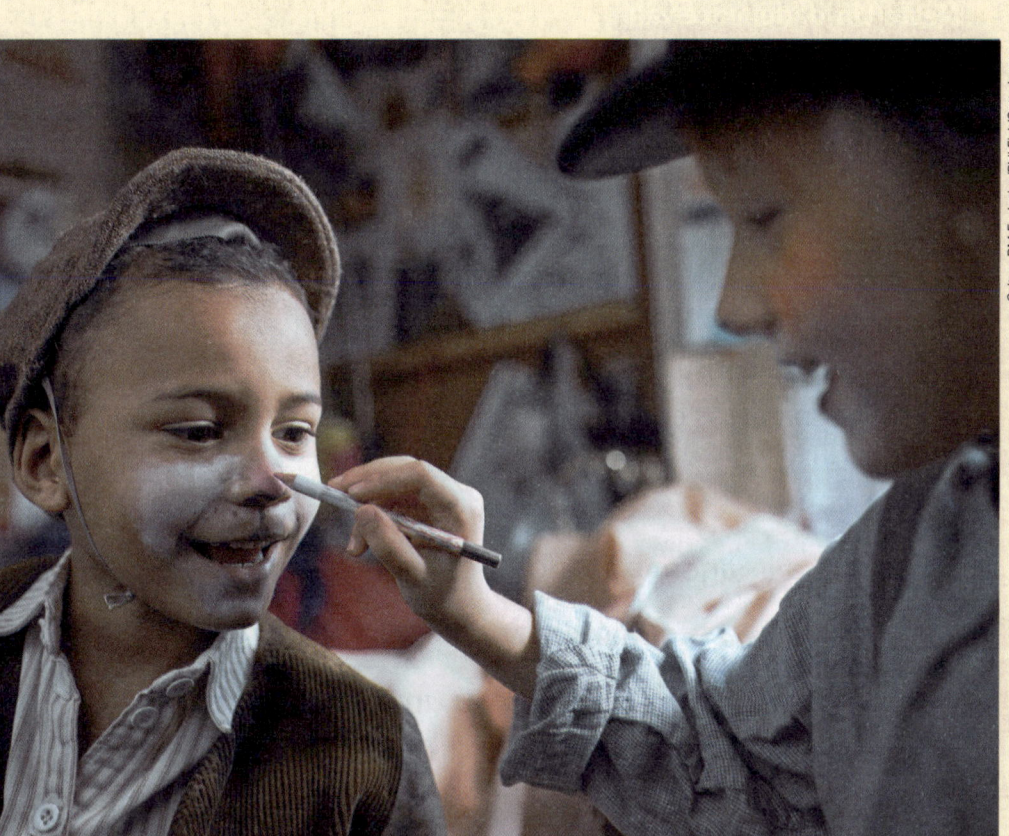

3 Concluindo

- Reúna-se com os colegas e o professor e conversem sobre as questões a seguir.

    a) A apresentação de vocês foi como planejaram?

    b) Vocês perceberam se a plateia prestou atenção à apresentação do grupo? Será que as pessoas gostaram? Justifiquem suas respostas com exemplos de reações do público.

    c) De qual história você mais gostou? Por quê?

UNIDADE

8 Para saber mais

Nesta Unidade, você vai:

- Ler e compreender textos expositivos.
- Comparar texto expositivo e conto popular.
- Pesquisar informações sobre um animal e escrever uma ficha sobre ele.
- Expor oralmente informações sobre um animal com base em uma ficha.
- Aprender a consultar verbetes no dicionário.
- Estudar palavras com **GUA**, **GUE** e **GUI**.

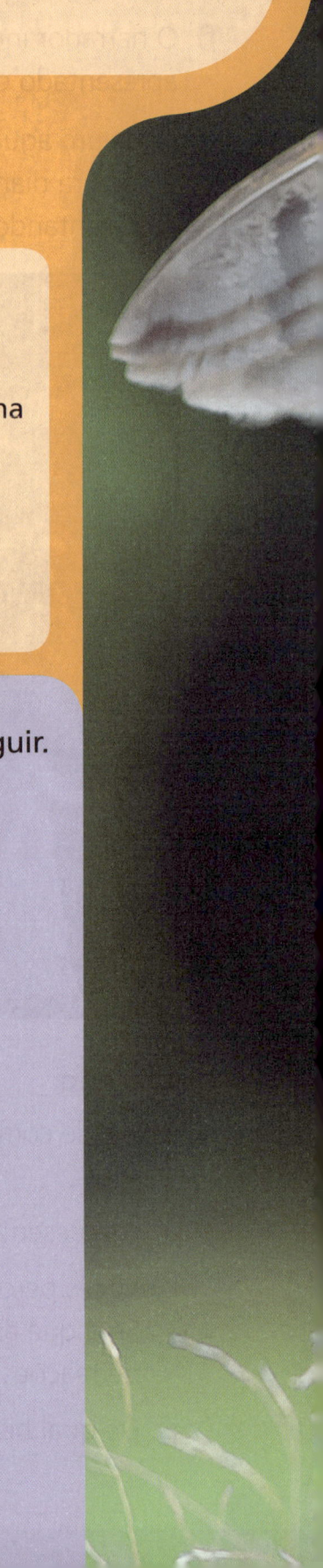

💬 Observe a imagem ao lado e responda às questões a seguir.

1. O que você vê na imagem?
2. Esta imagem é uma pintura ou uma fotografia? Como você chegou a essa conclusão?
3. O que você acha que está acontecendo na cena?
4. O que você sabe sobre os animais da imagem?

Texto expositivo

1. Você já viu um sapo? O que sabe sobre esse animal?

2. Onde você conseguiu informações sobre ele?

3. Você acha importante ter informações sobre as coisas? Por quê? Converse com os colegas e o professor.

4. Você gosta de falar com as outras pessoas sobre coisas que você sabe? Como você faz isso?

5. O que você gostaria de saber sobre os sapos?

....

....

6. Se você precisasse saber informações seguras sobre esse animal, em quais livros você as buscaria?

UNIDADE 8

Conhecendo o texto

Você vai conhecer algumas informações sobre um tipo de sapo. Leia o texto a seguir silenciosamente e depois, com a ajuda do professor, leia-o em voz alta.

Sapo-cururu

[...]

Características: O sapo-cururu é o mais comum na fauna brasileira. Possui duas glândulas de veneno na parte **posterior** da cabeça que, quando acionadas, espirram um líquido de odor desagradável. O predador que ingerir esse veneno certamente morrerá, pois é altamente tóxico.

Os machos são menores que as fêmeas. Medem cerca de 140 mm, enquanto as fêmeas medem 170 mm.

Sapo-cururu, muito comum no Brasil.

O período de reprodução é no início da primavera. Os ovos são postos em fileiras e podem alcançar até 5 m de comprimento. Os girinos nascem dez dias depois e passam por uma série de mudanças ao longo do seu desenvolvimento até se transformar em sapinhos.

Alimentam-se de insetos, camundongos, cobras e caracóis.

Posterior: que está na parte de trás.

Disponível em: <www.fiocruz.br/biosseguranca/Bis/infantil/anfibio.htm>.
Acesso em: 24 abr. 2018.

1. Releia apenas o título e responda: Qual é o assunto do texto acima?

2. Esse texto foi escrito com a finalidade de:

☐ contar uma história.

☐ ensinar uma receita.

☐ divulgar informações.

☐ divulgar um produto.

3 O que acontece quando as glândulas do sapo-cururu são acionadas?

☐ O sapo-cururu morre por ingerir seu veneno altamente tóxico.

☐ As glândulas espirram um líquido venenoso e de odor desagradável.

4 O texto informa que o tamanho do macho e o da fêmea são diferentes. Qual deles é maior?

....

5 Qual é o período de reprodução do sapo-cururu?

....

6 Releia esta frase do texto.

> [...] Possui duas glândulas de veneno na parte posterior da cabeça que, quando acionadas, espirram um líquido de **odor desagradável**.

- Podemos trocar as palavras destacadas por:

☐ gosto amargo.

☐ cheiro bom.

☐ cheiro ruim.

7 Com base no texto, preencha o quadro com algumas características do animal.

Nome popular	
Características	

184 UNIDADE 8

8 Observe as duas imagens.

- Qual imagem é mais adequada para ilustrar um texto que apresente informações reais sobre sapos? Assinale-a.

9 Vamos comparar as características dos textos que você leu: o conto popular "O Rei Sapo" e o texto expositivo "Sapo-cururu", nesta Unidade. Analise as informações do quadro abaixo e faça escolhas de acordo com o que você aprendeu.

Características	Texto expositivo 	Conto 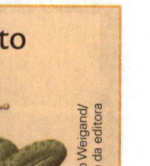
Pode ser encontrado em revistas sobre a vida dos animais.		
Pode ser encontrado em livros de histórias.		
Apresenta fatos mágicos.		
Contém informações baseadas em estudos e pesquisas.		
Seu leitor mais comum é alguém que gosta de experimentar um mundo de imaginação.		
Seu leitor mais comum busca informações reais sobre um animal.		

185

10 Destaque as imagens da ficha 12 do **Material Complementar**. Depois, cole nos espaços abaixo os animais que servem de alimento para o sapo-cururu.

Dica: consulte o texto para não se esquecer de nenhum!

11 Você gosta de animais? Fora da escola, você busca informações sobre esse e outros assuntos? Converse com os colegas sobre seus interesses.

186 UNIDADE 8

■ Refletindo sobre a língua

Para entender bem um texto é preciso, entre outras coisas, compreender o sentido das palavras.

1 Releia um trecho do texto expositivo sobre o sapo-cururu.

> O sapo-cururu é o mais comum na **fauna** brasileira.

■ Você sabe o significado da palavra destacada? Releia a parte do texto em que o trecho acima aparece e troque ideias com um colega.

2 Observe uma página de dicionário e como ela é organizada. Circule nela a palavra **fauna**.

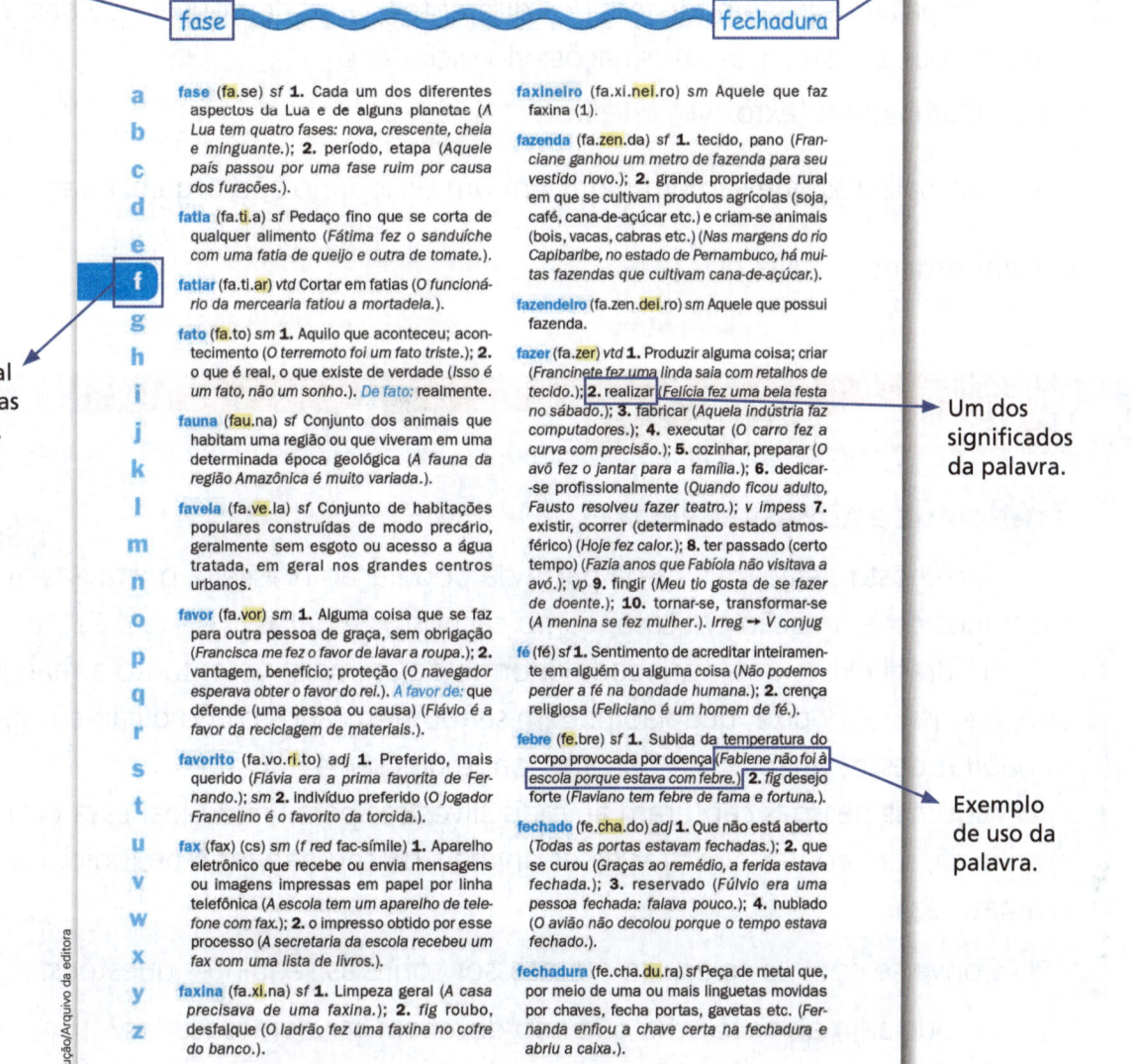

Saraiva Júnior: dicionário da Língua Portuguesa ilustrado. São Paulo: Saraiva, 2016. p. 124.

3 Agora, responda às perguntas com as informações sobre a página do dicionário que você observou na atividade anterior.

a) Que palavra é definida antes de **fauna**? ....

b) Que palavra vem depois de **fauna**? ....

c) Com que letra começam todas as palavras que são definidas nessa página? ....

Bloco de notas

Uso do dicionário

As palavras podem ter sentidos diferentes. Quando houver dúvidas, o leitor pode consultar as informações no dicionário.

- Complete o texto.

As palavras que são definidas em um dicionário são organizadas

em ordem ....

Vamos falar sobre...

Tráfico de animais silvestres

Você gosta de animais? Boa parte da população brasileira gosta e tem bichinhos de estimação em casa, como cachorros e gatos.

No Brasil existe uma variedade enorme de animais, no entanto a maioria é silvestre. Isso quer dizer que não podem ser domesticados como o cão e o gato. O *habitat* desses animais é a floresta, longe dos seres humanos.

Algumas pessoas capturam animais silvestres para vendê-los. Essa prática é criminosa, sem contar que tirar esses animais de seu *habitat* é prejudicial a eles e à natureza.

- Converse com os colegas e o professor sobre as seguintes questões.

    a) Que animais você acha que não deveriam ser domesticados?

    b) Por que o tráfico de animais silvestres prejudica os animais, mesmo que eles sejam bem tratados?

Entre linhas e ideias

Você já pesquisou informações sobre algo que lhe interessa?

Agora, você vai escolher um animal, buscar dados sobre ele e, depois, escrever o que encontrou em uma ficha para que as pessoas possam ler.

Seu texto fará parte de um fichário com informações sobre diversos animais da fauna brasileira e ficará disponível na biblioteca da escola.

1. **Planejamento**

    a) Pense nos animais de que você mais gosta e escolha um deles.

    b) Faça uma pesquisa sobre o animal escolhido em livros, revistas e na internet. Há informações que são importantes e precisam constar no seu texto. Veja algumas delas:

    - Lugar onde vive.
    - De que se alimenta.
    - Quantos anos vive em média.
    - Suas principais características.
    - Curiosidades sobre o animal.
    - Fonte pesquisada.

2. **Primeira versão**

    a) Em uma folha à parte, copie o modelo de ficha abaixo, com linhas suficientes para você inserir as informações da sua pesquisa.

    b) Lembre-se de que a ficha fará parte do acervo da biblioteca da escola. Portanto, os dados devem estar corretos e claros.

    - ANIMAL:
    - LUGAR ONDE VIVE:
    - DE QUE SE ALIMENTA:
    - TEMPO MÉDIO DE VIDA:
    - SUAS PRINCIPAIS CARACTERÍSTICAS:
    - CURIOSIDADES:
    - FONTE PESQUISADA:

3. **Revisão**

   a) Troque sua folha com as informações do animal com um colega.

   b) Na folha do colega, verifique se o roteiro determinado no Planejamento foi cumprido e se todos os registros respondem ao que foi solicitado.

   c) Veja se todas as palavras estão escritas corretamente. Se precisar, peça ajuda ao professor.

   d) Faça comentários na folha do colega, caso encontre itens que possam ser melhorados.

   e) Ao receber sua folha:
   - Verifique se há algum comentário ou correção do colega em seu texto.
   - Avalie se é preciso corrigir o que o colega apontou.
   - Se houver algo a ser alterado, faça anotações em uma folha à parte para você não esquecer.

   - Releia sua pesquisa e verifique se ela está de acordo com os itens do quadro abaixo.

- As informações pesquisadas estão claras e corretas?
- Por meio delas as pessoas conseguirão conhecer melhor as principais características do animal escolhido?
- Curiosidades sobre o animal foram inseridas?
- A fonte de onde as informações foram extraídas foi citada?

4. **Versão final**

   a) Passe a limpo as informações com as correções e melhorias.

   b) Para ilustrar sua ficha, cole uma foto ou faça uma ilustração do animal que você pesquisou.

   c) Reúna-se com os colegas e, com a ajuda do professor, organizem as fichas em ordem alfabética.

   d) Montem um fichário com informações sobre animais da fauna brasileira coletadas pela turma.

   e) Depois, entreguem o fichário pronto na biblioteca para que outros alunos e pessoas interessadas possam ler as informações que a turma pesquisou.

Descobertas sobre a escrita

1 Encontre o nome dos animais do quadro no diagrama.

gazela   frango   canguru   cegonha   galinha   iguana

M	P	V	X	F	E	Z	Q	B	H	G	B	M
G	T	X	T	R	J	I	G	N	E	A	R	V
J	O	T	C	A	N	G	U	R	U	Z	V	N
G	A	L	I	N	H	A	L	O	Q	E	S	Z
S	E	C	E	G	O	N	H	A	M	L	R	T
Z	V	H	O	O	F	Q	I	G	U	A	N	A

- Circule nas palavras do quadro as sílabas nas quais aparece a letra **G**.

2 Escreva palavras que se encaixem em cada um dos grupos abaixo.
Dica: fique atento às sílabas destacadas e ao som que elas representam.

a) **ga**zela, **ga**lho, **ga**veta

b) ce**go**nha, **go**ta, pintassil**go**

c) mer**gu**lhão, a**gu**lha, **gu**la

d) ja**gua**tirica, á**gua**, **gua**che

3 Pesquise no dicionário e escreva no quadro abaixo palavras nas quais apareçam as sílabas indicadas.

gi	
ge	
gui	
gue	

a) Leia em voz alta as palavras que você escreveu e responda.
- A letra **G** representa o mesmo som nessas palavras?

b) Compare as palavras em que aparecem as sílabas **ge** e **gue**. Qual é a letra que representa mudança na pronúncia dessas sílabas?

c) Em que outra sílaba essa letra também aparece e representa mudança de som?

4 Reúna-se com um colega e descubram palavras em que as sílabas **ge** e **gi** representam o mesmo som, mas não são escritas com a letra **G**.

- Que letra dessas palavras representa o mesmo som do **G** nas sílabas **ge** e **gi**?

UNIDADE 8

Diversão em palavras

1 Complete o quadro escrevendo uma palavra para cada caso.

Grupo de palavras	Com G	Com J
Animal		
Objeto		
Comida		
Nome de pessoa		
Nome de lugar		
Fruta		
Cor		
Flor		

2 Complete os espaços com as letras **G** ou **J** e, depois, leia as palavras formadas.

a .... ulha

se .... ura

quei .... o

.... aula

a .... itado

.... uitarra

se .... uinte

an .... o

.... uarda

espon .... a

mensa .... em

lo .... a

bande .... a

azule .... o

■ Conhecendo outros textos

Você já viu como consultar o dicionário para encontrar palavras e seus significados. Vamos ler o significado de algumas delas?

12

amigo ~~~~~~~~~~~~~~~~~~~ animal

amigo (a.**mi**.go) *adj* e *sm* **1.** Que ou aquele que ama, que estima; *sm* **2.** pessoa que se liga a outra por laços de amizade.

amizade (a.mi.**za**.de) *sf* Simpatia, carinho, afeto e respeito entre as pessoas (*A amizade entre os dois iniciou-se no maternal.*).

amor (a.**mor**) (ô) *sm* Afeto de uma pessoa por outra.

amora (a.**mo**.ra) *sf* Fruto pequeno e muito escuro que dá na amoreira e é usado em sucos e doces (*Alvinho sujou a camiseta branca com suco de amora.*).

amoreira (a.mo.**rei**.ra) *sf* Planta que produz a amora (*As folhas da amoreira são o alimento do bicho-da-seda.*).

amplo (**am**.plo) *adj* Extenso, de grandes tamanhos (*A escola possui salas amplas.*).

ampulheta (am.pu.**lhe**.ta) (ê) *sf* Instrumento para medir o tempo, com dois vasos transparentes que se unem por um pequeno buraco, por onde passa areia finíssima do vaso que está em cima para o de baixo (*A cozinheira mede o tempo de preparo dos ovos com uma ampulheta de quatro minutos.*).

analfabeto (a.nal.fa.**be**.to) *adj* Que não sabe ler nem escrever (*Anastácia matriculou-se na escola porque era analfabeta e queria muito ler as cartas dos netos.*).

Ampulheta

anão (a.**não**) *sm* Pessoa cuja altura é muito abaixo do normal (*A princesa precisou juntar a cama de três anões para poder se deitar.*). Fem **anã**. Pl **anões**.

anatomia (a.na.to.**mi**.a) *sf* Ciência que estuda a estrutura dos seres vivos.

ancestral (an.ces.**tral**) *s 2 gên* **1.** Pessoa da qual outras descendem; **2.** relativo a ou próprio da pessoa de quem se descende.

âncora (**ân**.co.ra) *sf* **1.** Peça pesada de ferro que é presa em uma corda ou corrente em uma embarcação e jogada ao fundo da água para que essa embarcação fique parada; *s 2 gên* **2.** jornalista que dirige um telejornal (*Ângelo é o âncora do telejornal das sete.*).

andar (an.**dar**) *vi* **1.** Dar passos, mover-se (*Áurea gosta de andar a pé.*); **2.** passar (o tempo) (*As horas andam muito depressa!*); **3.** funcionar (*Depois do conserto, a bicicleta anda sem fazer barulho.*); **4.** viver (em certo estado ou situação) (*Depois de tirar o gesso da perna, o pai do Arquimedes passou a andar sem bengala.*); *vti* **5.** agir; *vtd* **6.** percorrer; *sm* **7.** modo de andar (*Arlene tem um andar cheio de graça.*); **8.** piso de um edifício (*Aroldo mora no primeiro andar.*); **9.** camada (*O bolo de aniversário de Arminda tem dois andares.*).

andorinha (an.do.**ri**.nha) *sf* Ave que se alimenta só de insetos e viaja longas distâncias (*A andorinha abre o bico negro e largo e pega os insetos enquanto está voando.*).

anexar (a.ne.**xar**) (cs) *vtd* e *vi* Ligar, juntar.

anexo (a.**ne**.xo) (cs) *adj* **1.** Junto, ligado; *sm* **2.** aquilo que está ligado a outra coisa (*A biblioteca da escola fica no anexo construído ao lado da quadra.*); **3.** *Inform* arquivo enviado junto com a mensagem eletrônica (*Azis enviou um e-mail para Arícia com um anexo: uma foto em que eles estão se beijando.*).

anfíbio (an.**fí**.bio) *sm* e *adj* **1.** Diz-se dos ou os animais e plantas que vivem na terra e na água (*O anfíbio nasce na água e, quando adulto, também vive na terra. As rãs, os sapos e as salamandras são animais anfíbios.*); *adj* **2.** diz-se do veículo (carro, avião, tanque) que pode circular na terra e na água (*O avião anfíbio levantou voo do meio do lago.*).

ângulo (**ân**.gu.lo) *sm* **1.** Canto, esquina (*Machucou o braço no ângulo da mesa quando estava fugindo do irmão.*); **2.** espaço que fica entre duas linhas que se encontram em um mesmo ponto (*O ângulo pode ser agudo, reto ou obtuso.*).

animal (a.ni.**mal**) *sm* **1.** Ser vivo organizado, com sensibilidade e capaz de se mover (*O homem e o cachorro são animais de diferentes espécies.*); *adj 2 gên* **2.** referente ou pertencente aos animais (*Ontem passou na tevê um programa sobre o mundo animal.*).

Saraiva Júnior: dicionário da Língua Portuguesa ilustrado. São Paulo: Saraiva, 2016. p. 131.

1. Quais são a primeira e a última palavra dessa página de dicionário?

   ....

2. Qual é a letra inicial das palavras dessa página? ☐

3. Nessa página, existem significados de palavras que você não conhecia? Quais?

   ....

   ....

   ....

> Chamamos de **verbete** cada uma das palavras e seus significados apresentados no dicionário.

4. A imagem na página do dicionário é de qual verbete?

   ....

5. Circule o verbete que vem antes de **amora**.

6. Pinte o verbete que tem relação direta com o sapo, assunto sobre o qual você leu na seção **Conhecendo o texto**.

   ■ Que informação sobre o sapo você encontrou ao ler esse verbete?

   ....

   ....

7. O professor vai ditar algumas palavras para você procurar o verbete no dicionário.

   a) Escreva as palavras abaixo para não esquecer.

   ....

   ....

   b) Escolha a palavra que você achar mais interessante, procure-a no dicionário e leia o verbete para os colegas.

Diversão em palavras

■ Na lista a seguir, há oito palavras que têm letras faltando. Reescreva todas as palavras da lista, fazendo a correção quando for necessário.

agudo	
gincho	
gaveta	
gardanapo	
gola	
seginte	
surgiu	
portugês	
Gilherme	
ginástica	
ganso	
garda	
gerra	
gindaste	
gelo	

UNIDADE 8

Praticando a fala e a escuta

Durante a pesquisa que fez sobre o animal de que mais gosta, você deve ter descoberto informações diferentes e interessantes. Que tal contar isso aos colegas?

1. **Planejamento**

    a) Releia a ficha que você produziu na seção **Entre linhas e ideias**.

    b) Pense em como seria uma apresentação oral dessas informações que constam na ficha que você produziu.

2. **Ensaio**

    a) Apresente as informações do animal escolhido para alguém da sua família.

    b) Não é preciso decorar o texto; você pode usar outras palavras, mas todos os tópicos da ficha que você preencheu precisam ser abordados.

    c) Você pode fazer anotações de palavras-chave para se lembrar do que falar em cada tópico, caso se esqueça de algo.

    d) Ao final, pergunte ao seu familiar se ele compreendeu todas as informações. Peça também a ele que formule algumas perguntas para ajudar você a se preparar.

3. **Apresentação**

   a) Cumprimente os colegas e inicie a apresentação dizendo o nome do animal que você pesquisou e sobre o qual falará.

   b) Preste atenção à sua postura: fique de frente para a turma e olhe para todos enquanto fala.

   c) Fique atento também à sua fala: use um tom de voz em altura suficiente para que todos possam ouvir o que você diz e pronuncie claramente as palavras.

   d) Após concluir sua apresentação, pergunte se os colegas têm dúvidas ou perguntas. Se tiverem e você souber responder, responda. Caso não saiba, você pode pesquisar as dúvidas dos colegas e responder em outro momento.

4. **Avaliação**

   ■ Reflita sobre sua apresentação para avaliar se ela foi boa e o que é preciso melhorar. O quadro abaixo pode ajudar você nessa autoavaliação.

   - Cumprimentei os colegas e disse o nome do animal que eu ia apresentar?
   - Mantive uma postura adequada e falei olhando para todos os colegas?
   - Todos conseguiram ouvir e compreender o que eu disse?
   - Meus colegas fizeram perguntas a que pude responder?
   - O que eu considero satisfatório na minha apresentação?
   - O que eu posso melhorar em uma próxima oportunidade?

Autoavaliação

Como foi seu aprendizado nesta Unidade? Reflita sobre estas perguntas. Depois, marque um **X** na opção que melhor representa seu desempenho.

1. Eu leio e compreendo textos expositivos?			
2. Eu consigo identificar as diferenças entre texto expositivo e conto popular?			
3. Eu consigo pesquisar informações sobre um animal na internet, em livros e revistas?			
4. Eu consigo escrever uma ficha com informações sobre o animal que pesquisei?			
5. Eu consigo apresentar minha pesquisa sobre o animal para a turma?			
6. Eu sei consultar verbetes no dicionário?			
7. Eu sei escrever palavras com **GUA**, **GUE** e **GUI**?			

Sugestões

Para ler

- *Disfarces dos animais*, de Suzana Facchini Granato e Neide Simões de Mattos. São Paulo: Formato, 2012.

    Para muitos animais, disfarçar-se é fundamental! Este livro mostra, com textos e belas imagens, diversas formas de disfarces/camuflagens que alguns animais usam para se confundir com o ambiente onde vivem.

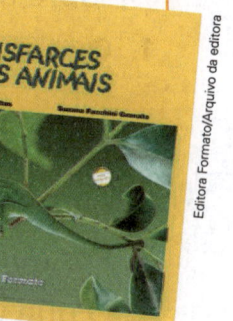

Para acessar

- Rádio da revista. *Ciência Hoje das Crianças*. Disponível em: <http://chc.org.br/radio-chc>. Acesso em: 25 abr. 2018.

    Nesta página, você pode ouvir algumas reportagens da revista como em um programa de rádio. Muitas dessas reportagens são sobre animais.

UNIDADE

9 O mundo da história em quadrinhos

Nesta Unidade, você vai:

- Ler e interpretar histórias em quadrinhos e tirinhas.
- Identificar palavras que representam sons nas histórias em quadrinhos e tirinhas.
- Identificar e usar diferentes tipos de balões em histórias em quadrinhos.
- Criar uma continuação para uma história em quadrinhos.
- Contar uma história observando uma sequência de imagens.
- Reconhecer rimas, versos e estrofes em um poema.
- Refletir sobre as palavras escritas com **til (~)** e com as letras **M** e **N**.

Observe a fotografia ao lado e converse com os colegas sobre as questões a seguir.

1. Que cores você vê na imagem? E como você imagina que são a textura e o formato do que foi fotografado?
2. A imagem mostra o tronco de uma árvore que sofreu uma ação humana. Qual foi essa ação?
3. Por que as pessoas cortam árvores?
4. O que você acha que pode acontecer se muitas árvores forem cortadas?
5. Qual é a sua opinião sobre o modo como o ser humano se relaciona com a natureza?

Julia Feeney/EyeEm/Getty Images

200

História em quadrinhos

1) Você conhece as personagens a seguir? Troque ideias com os colegas e, se necessário, faça uma pesquisa sobre elas em *sites* ou pergunte a seus familiares.

a) Qual é o nome dessas personagens?

b) Essas crianças fazem parte de uma turma. Qual é o nome dessa turma?

2) Ligue o nome de cada personagem à sua principal característica.

Magali	É muito forte.
Cascão	Troca o **R** pelo **L** ao falar.
Mônica	Gosta muito de comer.
Cebolinha	Não gosta de tomar banho.

3) Você conhece outras personagens dessa turma? Quais?

- Conte aos colegas o que você sabe sobre elas.

4) Você já leu histórias em quadrinhos? O que mais chama sua atenção nessas histórias? Converse com os colegas.

Conhecendo o texto

Leia silenciosamente esta história em quadrinhos do cartunista brasileiro Mauricio de Sousa.

Mauricio de Sousa. *Turma da Mônica*. Disponível em: <http://turmadamonica.uol.com.br/quadrinhos/>. Acesso em: 25 abr. 2018.

1 O que está acontecendo no primeiro quadrinho?

_____

_____

2 E no segundo quadrinho, o que o homem está fazendo?

_____

_____

💬 ■ Você já viu um pneu amarrado em uma corda para as crianças brincarem? Se sim, onde viu? Conte aos colegas se você já brincou em um balanço feito com pneu.

3 No terceiro quadrinho, Mônica está lendo um livro:

☐ à sombra de uma árvore. ☐ à sombra de um guarda-chuva.

4 Observe o quarto quadrinho e responda às questões a seguir.

a) Que frase poderia substituir as maçãs do balão?

_____

_____

b) O que indica que o homem vai pagar pelas maçãs?

_____

_____

💬 c) Na sua opinião, por que Magali levou o homem à banca de frutas? Converse com os colegas.

5 Na história, o homem substitui uma árvore em diferentes situações. Desembaralhe as letras e escreva a palavra relacionada a cada quadrinho.

| A | L | B | O | N | Ç | A |

_____

| M | B | S | O | R | A |

_____

| E | R | D | E |

_____

6 O que as crianças queriam mostrar ao homem colocando-o no papel de uma árvore?

_____

_____

_____

■ Por que você acha que elas fizeram isso com ele? Converse com os colegas.

7 Você concorda com a atitude das crianças na história? Converse com os colegas e justifique sua resposta.

8 Nas histórias em quadrinhos são usados diferentes recursos visuais para construir os sentidos do texto. Observe novamente o sexto quadrinho.

a) Depois de realizar tantas atividades, como o homem está se sentindo?

_____

b) Que recurso foi usado para transmitir isso?

_____

c) Em que outros quadrinhos foi usado o mesmo recurso?

_____

_____

9 Agora, leia novamente o último quadrinho.

a) Nesse quadrinho, há um tronco de árvore cortado. Quem cortou essa árvore?

_____

• Que elementos indicam isso?

_____

b) Observe a expressão de Mônica, de Cebolinha e de Cascão. Como eles se sentem em relação ao homem com o machado?

c) Que recursos foram usados para transmitir o sentimento dessas personagens? Converse com os colegas.

206 UNIDADE 9

10 Em qual destas falas o homem demonstra que compreendeu a mensagem transmitida pelas crianças?

☐ "Posso ir agora?"

☐ "Foi a última vez que cortei uma árvore!"

11 Você gostou dessa história em quadrinhos? Por quê? Converse com os colegas.

12 Na história em quadrinhos que você leu, quem se beneficia da árvore?

_____

- Que outros benefícios uma árvore pode trazer para a natureza? Compartilhe sua resposta com os colegas.

13 Na sua opinião, cortar uma árvore sempre causa danos ao meio ambiente? Converse com os colegas e justifique sua resposta.

Vamos falar sobre...

Preservação da natureza

Nossos hábitos cotidianos afetam o meio ambiente de diferentes formas. O que comemos, como usamos a água, o destino que damos ao lixo que produzimos e outras ações podem causar danos ou ajudar a preservar a natureza.

- Reflita sobre estas questões e converse com os colegas.
  a) Na sua opinião, por que é importante preservar a natureza?

  b) Que atitudes você e as pessoas do seu convívio praticam para preservar a natureza?
  - O que você faz no dia a dia para economizar água?
  - Na sua casa, vocês separam e encaminham o lixo para reciclagem?

  c) O que mais você pode fazer na sua casa ou na escola para cuidar da natureza?

Conhecendo outros textos

Algumas histórias são contadas em poucos quadrinhos. Leia silenciosamente o texto a seguir e observe como eles estão organizados.

Ricardo Liniers. *Macanudo por Liniers,* n. 1. Campinas: Zarabatana Books, 2008. p. 76.

1 O que a menina plantou na terra?

_____

2 Com quem ela está conversando no primeiro e no segundo quadrinhos?

_____

3 No terceiro e quarto quadrinhos, o que a menina está esperando?

_____

4 A expressão corporal e a fala da menina no último quadrinho indicam que ela está:

☐ espantada.   ☐ impaciente.   ☐ contente.   ☐ triste.

a) Como a palavra do último quadrinho foi escrita? Converse com os colegas.

b) Observe o sinal de pontuação usado no último quadrinho. Esse sinal se chama **ponto de exclamação** ❗.

- O modo como a palavra foi escrita e o sinal utilizado indicam que a fala da menina é:

☐ um grito.   ☐ uma pergunta.   ☐ uma afirmação.

UNIDADE 9

5 Observe a organização da história da página anterior e da história em quadrinhos da Turma da Mônica, que você leu na página 203. Qual é a diferença entre elas?

> As histórias que se desenvolvem em poucos quadrinhos, organizados em uma linha horizontal, são chamadas de **tiras** ou **tirinhas**.

6 Outro recurso usado nas histórias em quadrinhos e tirinhas são os diferentes tipos de balão. Leia esta tirinha de Calvin e observe o formato deles.

Bill Watterson. *Tem alguma coisa babando embaixo da cama*. São Paulo: Conrad, 2008. p. 104.

■ Converse com o professor e os colegas sobre estas questões.

a) O que acontece nessa história? Você gostou dela? Por quê?

b) A situação mostrada no segundo e no terceiro quadrinhos é real, ou seja, está acontecendo mesmo na história? Por quê?

c) Qual é o formato dos balões dos três primeiros quadrinhos e o que eles indicam?

d) O que está acontecendo no último quadrinho?

e) Qual é o formato dos balões usados nesse último quadrinho e o que ele indica?

f) Qual é a diferença entre o formato dos balões que representam a fala e o dos balões que representam o pensamento das personagens?

> Os diferentes tipos de balão complementam o sentido do texto nas histórias em quadrinhos e tirinhas. Além dos balões de fala, há balões para indicar que uma personagem está pensando.

209

7 Troque ideias com um colega sobre os tipos de balão dos quadrinhos a seguir. Depois, escreva o que cada balão indica.

Mauricio de Sousa. *Bidu:* fábulas. Disponível em: <http://turmadamonica.uol.com.br/quadrinhos>. Acesso em: 26 abr. 2018.

Mauricio de Sousa. *Bidu:* fábulas. Disponível em: <http://turmadamonica.uol.com.br/quadrinhos>. Acesso em: 26 abr. 2018.

8 Agora, ligue os balões a seguir ao que eles representam.

ideia

música

dúvida

210 UNIDADE 9

Refletindo sobre a língua

1 O Menino Maluquinho é uma personagem do cartunista brasileiro Ziraldo, famosa por ser um menino muito esperto e criativo.

a) Você conhece o Menino Maluquinho? Converse com os colegas e veja o que a turma sabe sobre essa personagem.

b) Agora, leia silenciosamente uma história em quadrinhos do Menino Maluquinho.

Ziraldo. *Curta o Menino Maluquinho:* em histórias rapidinhas. São Paulo: Globo, 2006.

c) O que o menino está fazendo no primeiro quadrinho?

_____

d) O que ele está carregando?

_____

_____

e) O que está acontecendo no segundo quadrinho?

_____

f) No terceiro quadrinho, ele parece estar pensando. Em que você acha que ele estaria pensando?

_____

g) E no quarto quadrinho, o que ele está fazendo?

_____

h) O que ocorre no quinto quadrinho?

_____

i) O que causou o alvoroço dos cachorros?

_____

_____

j) Qual é a relação do título com a história? Converse com os colegas e o professor.

k) Que palavra é usada para representar o latido dos cachorros no último quadrinho?

_____

2 Circule a palavra que poderia representar um som emitido pelo Menino Maluquinho no último quadrinho, quando ele foge dos cachorros.

GLUP!   ATCHIM!   MIAU! MIAU!

212 UNIDADE 9

Entre linhas e ideias

Nas histórias em quadrinhos e nas tirinhas que você leu, os cartunistas usaram imagens e palavras para contar uma história. Usaram também outros recursos, como diferentes tipos de balão, sinais de pontuação e variados tipos de letra.

Agora, você vai criar um quadrinho para dar um novo final a uma história. Depois, você e os colegas vão expor os quadrinhos na sala de aula para que todos possam ver o final que cada um criou para a história.

1. **Planejamento**

   a) Leia esta história em quadrinhos da personagem Cebolinha.

   Mauricio de Sousa. *Almanaque Historinhas de uma página.* Turma da Mônica, n. 7, p. 38, fev. 2012.

   b) Imagine o que Cebolinha pode fazer para alcançar a fruta na árvore. Anote suas ideias em uma folha à parte.

c) Agora, pense como vai ser o quadrinho que você vai criar para dar um novo final a essa história. Que recursos você pretende usar? Pense sobre as questões a seguir.

- Que desenho fará para representar o final da história?
- Haverá mais personagens na cena, além de Cebolinha? Se sim, quais?
- Haverá balão de fala ou pensamento?
- Que palavras serão usadas para expressar a fala ou o pensamento de cada personagem?
- Será usada alguma palavra para representar outros sons?
- Você vai usar algum tipo diferente de letra?
- Que sinais de pontuação vai usar?

2. **Primeira versão**

   - Agora, faça um rascunho do quadrinho com todos os recursos que você escolheu usar. Como se trata de um rascunho, não é necessário que o desenho esteja acabado. O importante é que ele apresente todos os elementos que farão parte da produção final.

3. **Revisão**

- Observe a primeira versão do seu quadrinho. Ficou como você imaginava? Faça os ajustes necessários para que ele fique como você planejou.
- Caso tenha usado palavras para expressar falas ou pensamentos, confira se escreveu todas elas corretamente.
- Se tiver dúvida, pergunte a um colega se ele acha necessário cortar ou acrescentar palavras ou frases.
- O professor também pode ajudar na escrita das palavras e na escolha dos sinais de pontuação.
- Lembre-se de que Cebolinha troca o **R** pelo **L**. Observe se você trocou essas letras nas palavras ditas pela personagem.

4. **Versão final**

   a) Em uma folha à parte, passe a limpo o quadrinho que você criou.

    b) Junte-se a outros colegas e mostre sua produção. Observe a deles. Depois, vocês vão expor os quadrinhos que criaram na sala de aula para que todos vejam as produções realizadas pela turma.

 UNIDADE 9

Praticando a fala e a escuta

Você vai se reunir com um colega e contar para ele a história de uma das tirinhas a seguir. Depois, ele vai contar para você a história da outra tirinha. Como será que cada um de vocês vai transmitir oralmente uma história contada por imagens? Sigam estas orientações.

1. **Planejamento**

    a) Reúna-se com um colega e leiam juntos as tirinhas a seguir.

    Charles Schulz. *Peanuts completo*. 1950-1952. Porto Alegre: L&PM, 2010. p. 2.

    Ricardo Liniers. *Macanudo por Liniers*, n. 1. Campinas: Zarabatana Books, 2008. p. 45.

    b) Primeiro, conversem sobre o que entenderam de cada tirinha.

    c) Decidam qual história cada um vai contar. Caso vocês queiram contar a mesma tirinha, tirem par ou ímpar; quem ganhar escolhe a tirinha que quer contar.

    d) Depois, cada um deve pensar em como vai contar oralmente a história escolhida. Observem o comportamento de Snoopy na primeira tirinha e o tamanho dos quadrinhos e das árvores na segunda. Reflitam sobre como podem expressar oralmente as ideias transmitidas em cada sequência de imagens.

    e) Lembrem-se de que é preciso contar em detalhes o que vocês veem em cada quadrinho. Pensem também em como vão começar e finalizar a história.

    f) Se acharem necessário, anotem em uma folha à parte as ideias que tiveram para cada quadrinho da tirinha.

2. Ensaio

a) Sozinho, faça um ensaio contando em voz alta a história da tirinha.

b) Durante o ensaio, observe a sequência dos quadrinhos. Não tenha pressa, tente explorar cada trecho da história.

c) Se considerar necessário, acrescente falas das personagens na história e sons diferentes que podem dar a ideia do que está acontecendo, por exemplo, o barulho da serra cortando a árvore em que o pinguim se apoiava para descansar.

d) Verifique se é preciso fazer algum ajuste no modo de contar a história.

3. Apresentação

a) Decidam quem vai ser o primeiro a contar a história.

b) Durante a apresentação, fiquem atentos à pronúncia das palavras para contar a história da tirinha de forma clara.

c) Expressões faciais também podem deixar sua apresentação mais divertida.

4. Avaliação

- A apresentação da história da tirinha saiu de acordo com o que você planejou e ensaiou? Se não, o que foi feito de diferente e por quê?
- Os colegas conseguiram entender o sentido de cada história?
- O que vocês fariam de diferente em uma próxima apresentação como essa?

■ Qual é a diferença entre ouvir uma história contada por alguém e ler uma história que se baseia em imagens, como as tirinhas? De qual das duas formas você mais gosta?

Conhecendo outros textos

A história em quadrinhos a seguir foi criada por Laerte Coutinho e mostra a personagem Suriá, uma menina de 9 anos. Leia silenciosamente a história.

Laerte Coutinho. Suriá. *Folha de S.Paulo*, São Paulo, 19 jul. 2003. Folhinha. Disponível em: <www1.folha.uol.com.br/folhinha/quadri/qa19070301.htm>. Acesso em: 26 abr. 2018.

1 No começo dessa história em quadrinhos, Suriá encontra uma personagem bastante comum em alguns contos. Que personagem é essa?

_____

■ Como você conseguiu identificar essa personagem?

_____

_____

2 Na história de Suriá, o conto de fadas vai ter três personagens. Quais são elas?

☐ Um príncipe, um rei e uma princesa.

☐ Uma rainha, um príncipe e uma bruxa.

☐ Uma princesa, uma rainha e uma bruxa.

☐ Um castelo, um sapo e uma princesa.

3 No último quadrinho da história, Suriá faz um pedido para sua amiga Margô.

a) Que pedido é esse?

_____

_____

b) Por que você acha que ela fez esse pedido?

_____

_____

c) O que você acha do pedido que Suriá fez para Margô? Converse com os colegas e o professor.

4 Observe a pontuação no final das falas de Suriá nestes quadrinhos.

a) O uso do ponto de exclamação nos dois casos acima indica que Suriá:

☐ estava muito alegre em viver um conto de fadas.

☐ estava em dúvida se queria viver um conto de fadas.

b) Releia a tirinha e tente descobrir por que algumas palavras estão destacadas. Converse com os colegas e o professor.

5 Você costuma ler histórias em quadrinhos?

a) Se sim, em que meios costuma ler essas histórias: gibis, jornais, páginas da internet ou outros meios?

_____

_____

b) De quais personagens de história em quadrinhos você mais gosta? Converse com os colegas.

UNIDADE 9

Conhecendo outros textos

O texto a seguir é um poema. Primeiro, faça uma leitura silenciosa e depois leia o poema em voz alta com os colegas.

A menina que acordou princesa

Belo dia essa garota
Viu no espelho, que surpresa!
Fez carinha de **marota**
Acordou assim princesa

Em seu reino tinha fadas
Passarinhos, borboletas
Muitas flores pela estrada
E estrelas na gaveta

Lá morava um urso amigo
Que falava sem parar
E falava pelo umbigo
Só pensava em conversar

Uma coruja aparecia.
Ela era a mais sabida
Dava aula todo dia
Ensinava sobre a vida

E a princesa em seu castelo
Adorava só brincar
O seu quarto era o mais belo
Tinha vista para o mar

Maroto: travesso, esperto.

219

Também tinha outra janela
Onde havia uma floresta
E que árvore era aquela
Onde esquilos fazem festa?

Pois na terra da magia
Florescia só beleza
Porque todo mundo ria
Nunca vinha a tristeza

O tio fala que ela sonha
Que é coisa da idade!
Mas o sonho da risonha
Chama-se felicidade

Rafael Cury. *A menina que acordou princesa*. Disponível em: <http://revistacrescer.globo.com/Revista/Crescer/0,,EMI76468-10535,00.html>. Acesso em: 13 out. 2017.

1 Você gostou do poema? Qual é o assunto principal dele?

....

2 Nesse poema:

☐ o quarto da menina era um lugar especial.

☐ a menina vivia em um castelo.

☐ alguns animais de verdade viviam no quarto da menina.

☐ a imaginação da menina fez com que ela se transformasse em uma princesa.

220 UNIDADE 9

3 Que nomes de animais aparecem nesse poema?

_____

_____

4 Releia o título do texto.

a) Em que posição o título se localiza?

_____

b) Na sua opinião, o título do poema foi bem escolhido? Por quê?

_____

_____

c) Que título você daria se fosse o autor do poema?

_____

5 A história de Suriá, da página 217, e o texto da página 219 tratam do mesmo assunto.

- Converse com um colega sobre as questões a seguir.

   a) Qual é a principal diferença entre esses dois textos?

   b) Depois de ler os dois textos, você diria que gosta mais de histórias em quadrinhos ou de poemas? Por quê?

   c) Em que meios você já leu poemas e histórias em quadrinhos?

   d) Quem são os leitores que geralmente leem textos como esses?

6 Complete de acordo com o texto.

- O poema tem _____ versos.

- O poema está organizado em _____ grupos de _____ versos.

> Cada linha de um poema é chamada de **verso**.
> Cada grupo de versos de um poema é chamado de **estrofe**.

221

7 Circule no poema "A menina que acordou princesa" as palavras que rimam, isto é, que têm sons finais parecidos.

8 Releia os últimos quatro versos do poema em voz alta.

> O tio fala que ela sonha
> Que é coisa da idade!
> Mas o sonho da risonha
> Chama-se felicidade

a) Nesses versos, circule as palavras que rimam. Use uma cor diferente para cada par de palavras.

- Que efeito o uso dessas palavras provoca no poema?

_____

_____

b) Agora, releia estas palavras.

risonha   felicidade

- Que outras palavras estão dentro delas?

_____

Bloco de notas

Rima, verso e estrofe

- Complete as frases a seguir com estas palavras.

estrofe   rima   verso

a) Cada linha de um poema é chamada de _____.

b) Cada grupo de versos é chamado de _____.

c) Quando as palavras terminam com sons semelhantes, dizemos que há uma _____.

222 UNIDADE 9

Descobertas sobre a escrita

1 Pesquise em jornais e revistas palavras com o sinal **til (~)** e palavras que contenham as letras **M** ou **N** em final de sílaba. Depois, recorte as palavras e cole-as no quadro abaixo.

Palavras com **til (~)**	Palavras com a letra **N** em final de sílaba	Palavras com a letra **M** em final de sílaba

2 Agora, reúna-se com um colega e leiam em voz alta as palavras que vocês encontraram.

a) Compare as palavras que você encontrou com as de seu colega. Há palavras iguais? Se sim, quais?

_____

_____

b) O que é possível perceber em relação à sonoridade dessas palavras? Converse com os colegas e o professor.

3 Coloque o **til (~)** nas palavras que devem ser escritas com esse sinal.

irma	dragao	sombra
mae	criança	maldiçao

223

Diversão em palavras

- Imagine que convidaram você para ilustrar o poema "A menina que acordou princesa" e você teve a criativa ideia de ilustrá-lo em forma de história em quadrinhos ou tira. Nesse trabalho, você pode ou não usar palavras.

  - Depois, mostre a ilustração que você fez para os colegas e veja a que eles fizeram.

UNIDADE 9

Autoavaliação

Como foi seu aprendizado nesta Unidade?
Reflita sobre estas perguntas.
Depois, marque um **X** na opção que melhor representa seu desempenho.

1. Eu sei ler e interpretar histórias em quadrinhos e tirinhas?			
2. Eu sei identificar palavras que representam sons em histórias em quadrinhos e tirinhas?			
3. Eu sei identificar e usar diferentes tipos de balões em histórias em quadrinhos?			
4. Eu consigo criar uma continuação para uma história em quadrinhos?			
5. Eu consigo contar uma história observando uma sequência de imagens?			
6. Eu sei reconhecer rimas, versos e estrofes em um poema?			
7. Eu sei escrever palavras com o sinal **til (~)** e com as letras **M** e **N**?			

Sugestão

Para ler

- *Armandinho zero*, de Alexandre Beck. São Paulo: Matrix, 2013.

  Armandinho é questionador, divertido e inteligente. Esta coletânea apresenta as tirinhas do menino, que tem conversas engraçadas com seus pais, de quem só vemos as pernas!

Conectando saberes

A água que consumimos

Sem água não há vida, e apesar de existir muita água no planeta, só uma pequena quantidade dela é potável e pode ser consumida pelo ser humano. A água potável pode acabar se não for usada de maneira adequada, sem desperdício.

Observe a seguir diferentes atitudes diante do consumo de água.

Exemplo 1

Lavar carro com mangueira: 216 litros de água.

Escovar os dentes por 5 minutos com torneira aberta: 12 litros de água.

Tomar banho de 15 minutos: de 45 litros a 135 litros de água.

Lavar calçada com mangueira por 15 minutos: 279 litros de água.

Exemplo 2

Lavar carro com balde: 40 litros de água.

Escovar os dentes com torneira fechada: meio litro de água.

Tomar banho de 5 minutos com o chuveiro desligado ao se ensaboar: de 15 litros a 45 litros de água.

Varrer a calçada: 0 (zero) litro de água.

Ilustrações: Andréia Vieira/Arquivo da editora

1 Compare os exemplos 1 e 2 e responda.

a) Em que situação há maior redução no gasto de água?

b) Quantos litros de água uma pessoa que lava o carro com balde pode economizar em comparação com alguém que usa mangueira?

2 Segundo a Organização das Nações Unidas (ONU), cada pessoa precisa de 110 litros de água por dia, mas o brasileiro gasta aproximadamente 200 litros por dia.

■ Pesquise situações que podem causar desperdício de água e compartilhe com os colegas o que você descobriu.

3 Escolha uma pessoa que mora com você e faça a ela estas perguntas.

Você fecha a torneira ao escovar os dentes? .... ◯ sim ◯ não

Você toma banhos de quanto tempo? ....

Você fecha o chuveiro ao se ensaboar? .... ◯ sim ◯ não

Com o que você limpa o quintal ou o chão de sua casa? .... ◯ água ◯ vassoura

■ Agora, responda às mesmas questões pensando em como você faz ou faria essas atividades. Seja sincero e compartilhe suas respostas com os colegas.

227

Convite literário

228

Você já sabe que histórias também podem ser contadas em quadrinhos, não é mesmo? E que essas histórias costumam apresentar elementos verbais, que são as palavras, e visuais, que são os desenhos. Você já sabe também que histórias podem ser contadas apenas por imagens, não é isso?

Então, que tal ler e conhecer mais algumas dessas histórias? Depois da leitura, você e os colegas vão realizar atividades, entre elas a criação de histórias para uma **Coletânea de quadrinhos**!

Boa leitura e diversão!

Convite literário

Com a ajuda do professor, você e um colega vão ler histórias contadas em quadrinhos de quatro personagens diferentes: três crianças — a Suriá, o Armandinho e o Calvin — e um adulto *viking*, que mais parece uma criança crescida, de tão divertido que é.

Você sabe o que é *viking*?
É um termo usado para se referir a um povo da região da Escandinávia que conquistou grandes áreas da Europa e das ilhas do Atlântico Norte durante cerca de trezentos anos!
Em suas conquistas, contava com algo valioso: a tecnologia de seus barcos, muito avançada para a época.

Texto 1

O que será que acontece nesta história? Leiam para descobrir!

Laerte. *Suriá*: a garota do circo. São Paulo: Devir/Jacarandá, 2000. p. 7.

Vocês já conheceram a Suriá, não é mesmo? Ela tem 9 anos e vive em um circo com seus pais, que são malabaristas. No circo, Suriá gosta do trapézio.

Todos estão na sala de aula e Suriá chega de um jeito diferente... Por que será que ela diz que perdeu o "trapézio das sete"?

230

Texto 2

Agora, leiam mais esta história, que também é da Suriá.

Laerte. *Suriá:* a garota do circo. São Paulo: Devir/Jacarandá, 2000. p. 25.

Vocês acharam essa HQ engraçada? Por quê? Vocês sabem o que é um ornitorrinco?

É um bicho bem diferente daqueles com os quais estamos acostumados no Brasil!

Ele vive na Austrália e na Tasmânia, lugares muito distantes daqui. Gosta de estar na água de rios e lagoas. Os dedos das patas dele têm membranas que o ajudam a se locomover embaixo da água.

Seu bico lembra o de um pato, e ele bota ovo. Tem rabo longo e achatado. Seus filhotes alimentam-se do leite da mãe. Mede mais ou menos 40 centímetros.

A paulistana **Laerte Coutinho** é cartunista e chargista, considerada uma das artistas mais importantes do país.

231

Convite literário

Texto 3

Vocês conhecem o Armandinho? Leiam estas histórias e saibam um pouco sobre essa personagem.

Armandinho é uma criança como outra qualquer. Em suas histórias, ele interage com sua mãe e seu pai, dos quais vemos apenas as pernas, com Fê, sua irmã, e com um sapinho. Fala coisas divertidas e costuma tratar de assuntos que nos fazem refletir.

Alexandre Beck. *Armandinho*. Disponível em: <http://tirasbeck.blogspot.com.br/>. Acesso em: 5 nov. 2017.

Ser **essencial** significa ser absolutamente necessário. Vocês concordam com a afirmação de Armandinho? Por quê?
E o que, para vocês, é essencial à vida? Por quê?

Texto 4

Alexandre Beck. *Armandinho*. Disponível em: <http://tirasbeck.blogspot.com.br/search?updated-max=2013-08-30T16:36:00-07:00&max-results=10>. Acesso em: 5 nov. 2017.

O catarinense **Alexandre Beck** é publicitário e ilustrador. Criou Armandinho em 2009 e costuma afirmar que seus filhos, Augusto e Fernanda, são inspirações frequentes para suas tiras.

Texto 5

Chegou a hora de vocês conhecerem um pouco mais do Hagar, o horrível... Preparem-se...

Hagar é um *viking* comilão e bem-humorado. Sua esposa, que aparece nessas histórias, é Helga. Eles têm uma filha, Honi, e um filho, Hamlet.

Dik Browne e Chris Browne. *O melhor de Hagar, o horrível*, 6. Porto Alegre: L&PM, 2009. p. 14.

Observem a expressão e os gestos de Hagar no primeiro quadrinho. Para onde ele estaria partindo? E o que o faz mudar de ideia?

Texto 6

Dik Browne. *O melhor de Hagar, o horrível*, 4. Porto Alegre: L&PM, 2008. p. 26.

Vocês conhecem outra história em que alguém se olha no espelho e pergunta quem é a pessoa mais bonita de todas? Em caso afirmativo, qual?

Vocês já ouviram a expressão **puxa-saco**? O que ela significa?
A quem Hagar está se referindo? E por quê?

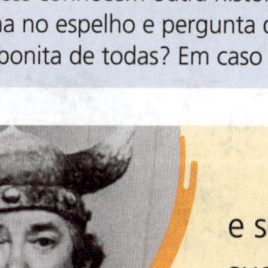

Dik Browne.

Dik Browne nasceu nos Estados Unidos e se tornou um famoso cartunista. Após sua morte, seu filho, **Chris Browne**, deu continuidade a seu trabalho.

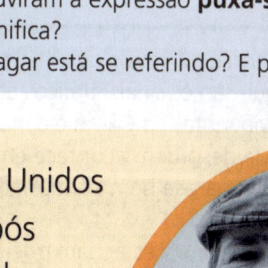

Chris Browne.

Convite literário

Texto 7

Agora vocês vão ler histórias de Calvin e Haroldo, duas personagens que vocês já conhecem, não é mesmo?

Calvin é um garoto de 6 anos que tem um companheiro inseparável, o Haroldo, um tigre de pelúcia que, na imaginação de Calvin, ganha vida e com ele vive muitas aventuras. Daí já se percebe que Calvin é muito criativo. E curioso também...

Bill Watterson. *O mundo é mágico:* as aventuras de Calvin e Haroldo. São Paulo: Conrad Editora do Brasil, 2007. p. 97.

Na história, há vários detalhes para vocês observarem:
- O que são os sinais gráficos ao redor de Susie, a amiga de Calvin, antes de Calvin e a mãe dele aparecerem na história?
- E que desordem acontece em seguida?
- Calvin parece bem contrariado na história toda... Por que será?
- Para onde vocês acham que a mãe de Calvin estava querendo que ele fosse?
- E por que Susie diz a Calvin que ninguém na rua usa despertador de manhã?

E então, vocês gostaram da história? Por quê?

Texto 8

Bill Watterson. *O mundo é mágico:* as aventuras de Calvin e Haroldo. São Paulo: Conrad Editora do Brasil, 2007. p. 19.

Como Calvin colocou "só um pouquinho" de vermelho no céu azul?

Texto 9

Bill Watterson. *O mundo é mágico:* as aventuras de Calvin e Haroldo. São Paulo: Conrad Editora do Brasil, 2007. p. 24.

Sabendo que Calvin é um menino curioso e criativo, que tipo de programa ele pode estar planejando para sua tarde com Haroldo?

Muitas vezes, Calvin não tem uma brincadeira definida e acaba inventando alguma.

Vocês já fizeram isso alguma vez? Que brincadeira inventaram? Conversem com os colegas e o professor.

235

Convite literário

Texto 10

> Calvin parece bem animado para dormir... Por que será, hem?

Essa máquina parece um pouco barulhenta, não? Como é possível saber isso?

Bill Watterson. *O mundo é mágico:* as aventuras de Calvin e Haroldo. São Paulo: Conrad Editora do Brasil, 2007. p. 81.

Aqui Calvin já não demonstra mais o mesmo ânimo... Vocês sabem dizer por quê?

Bill Watterson nasceu nos Estados Unidos e é criador de Calvin e Haroldo. As histórias dessas personagens alcançaram muito sucesso ao redor do mundo.

237

Convite literário

1. De qual das histórias lidas vocês mais gostaram? Por quê?

2. E dessas histórias lidas, qual é sua personagem preferida? Por quê?

3. Vocês já conheciam alguma dessas personagens? Se sim, qual ou quais?

4. Qual foi a história mais engraçada? Por quê?

5. Vocês chegaram a ter ideias para criar histórias e personagens enquanto liam os textos? Se tiveram, quais?

6. Que tal agora usar a imaginação para criar uma história contada em quadrinhos? Vamos lá!

   a) Comecem planejando a história que vão criar.
   - A história será sobre quais personagens? Vocês podem usar personagens que já existem, como Armandinho, Hagar, Calvin, Suriá, ou criar suas próprias personagens, o que pode ser mais interessante, não é mesmo?
   - Essas personagens vão viver que história? O que acontecerá com elas? E o que acham de criar uma história divertida, como as que vocês leram aqui? O que poderá acontecer de engraçado nessa história?
   - Como vai ser o final da história?
   - A história vai precisar de um título. Qual poderá ser?
   - Já conseguem ter ideia de quantos quadrinhos serão necessários?
   - Depois de pensar na história que contarão, decidam: Quem desenhará? E quem escreverá nos balões? Vocês também podem dividir essas tarefas.
   - Escrevam uma primeira versão. O professor poderá auxiliá-los nessa tarefa.

   b) É o momento da montagem da história.
   - Comecem fazendo um rascunho da história no caderno para pensar em quais serão as falas (ou os pensamentos) das personagens. O ideal é que esses textos não sejam longos. O professor poderá ajudá-los.
   - No rascunho ainda, observem se a história está clara.
   - Cortem uma folha de sulfite ao meio, na direção horizontal. O professor pode ajudá-los nessa tarefa também.

- Dividam, a lápis, uma das metades da folha na quantidade de quadrinhos necessária para a tira, de acordo com o rascunho que fizeram.
- Lembrem-se de deixar cada quadrinho com um espaço que possibilite a entrada de imagens e das falas (se houver).
- Reservem um espaço para o título da história.
- Desenhem as personagens de cada quadrinho. Escrevam suas falas e/ou seus pensamentos, que não podem ser muito longos, e depois desenhem os balões.
- É comum haver personagens que usam a mesma vestimenta. Ao colorir, lembrem-se de usar as mesmas cores de roupas nas cenas.
- Por fim, escrevam o nome de vocês para que todos saibam quem são os autores da história.
- Finalizadas as histórias, o professor vai ajudá-los a reuni-las para montar a **Coletânea de quadrinhos**. Criem uma capa para a coletânea.

c) Agora, sim, chegou a hora de fazer a leitura e divulgação da **Coletânea de quadrinhos**!

- O professor vai promover uma roda de conversa para cada dupla contar como foi a experiência de criar sua própria história. Depois, com a ajuda dele, leiam coletivamente as histórias criadas.
- Cada um levará para casa a coletânea para mostrar aos familiares essa grande produção! Ao trazê-la de volta, contem para os colegas o que seus leitores acharam das histórias.

BIBLIOGRAFIA

BAGNO, Marcos. *Nada na língua é por acaso*: por uma pedagogia da variação linguística. São Paulo: Parábola, 2007.

_____. *O preconceito linguístico*. 2. ed. São Paulo: Loyola, 1999.

BAKHTIN, Mikhail. *Estética da criação verbal*. 6. ed. São Paulo: WMF Martins Fontes, 2011.

BORGES, Flávia Girardo Botelho. Os gêneros textuais em cena: uma análise crítica de duas concepções de gêneros textuais e sua aceitabilidade na educação no Brasil. *Revista Brasileira de Linguística Aplicada* [on-line]. 2012, v. 12, n. 1, p. 119-140.

BRASIL. Ministério da Educação. *Base Nacional Comum Curricular*. Brasília, 2017. Disponível em: <http://basenacionalcomum.mec.gov.br>. Acesso em: 30 maio 2018.

BRASIL. Secretaria de Educação Fundamental. Programa de Formação de Professores Alfabetizadores (Profa). Brasília: MEC/SEF, 2001.

CASTORINA, José Antonio; FERREIRO, Emília et al. *Piaget-Vygotsky*: novas contribuições para o debate. São Paulo: Ática, 2000.

CAVALCANTI, Jauranice Rodrigues. *Professor, leitura e escrita*. São Paulo: Contexto, 2010.

COELHO, Nelly Novaes. *Literatura infantil*: teoria, análise, didática. São Paulo: Moderna, 2002.

COLL, César. *O construtivismo na sala de aula*. São Paulo: Ática, 2006.

_____. *Psicologia e currículo*. São Paulo: Ática, 1998.

COLOMER, Teresa; CAMPS, Anna. *Ensinar a ler, ensinar a compreender*. Porto Alegre: Artmed, 2002.

DIONISIO, Angela Paiva. *Gêneros textuais e ensino*. São Paulo: Parábola, 2017.

DOLZ, Joaquim; SCHNEUWLY, Bernard. Gêneros e progressão em expressão oral e escrita – Elementos para reflexões sobre uma experiência suíça (francófona). In: ROJO, Roxane; CORDEIRO, Glaís Sales (Org.). *Gêneros orais e escritos na escola*. Tradução de Roxane Rojo e Glaís Sales Cordeiro. Campinas: Mercado de Letras, 2004.

FERREIRO, Emília. *Alfabetização, letramento e construção de unidades linguísticas*: Seminário Internacional de Leitura e Escrita – Letra e Vida. Promovido pela Secretaria da Educação do Estado de São Paulo.

_____. *Cultura escrita e educação*: conversas de Emília Ferreiro com José Antonio Castorina, Daniel Goldin e Rosa Maria Torres. Porto Alegre: Artmed, 2000.

HADJI, Charles. *Avaliação desmistificada*. Porto Alegre: Artmed, 2001.

JOLIBERT, Josette. *Formando crianças leitoras*. Porto Alegre: Artmed, 1994.

_____. *Formando crianças produtoras de textos*. Porto Alegre: Artmed, 1995.

KATO, Mary Aizawa (Org.). *A concepção da escrita pela criança*. Campinas: Pontes, 2002.

KAUFMAN, Ana Maria; RODRIGUEZ, Maria Elena. *Escola, leitura e produção de textos*. Porto Alegre: Artes Médicas, 1995.

KLEIMAN, Angela. *Oficina de leitura*: teoria e prática. Campinas: Pontes, 2012.

MARCUSCHI, Luiz Antônio. *Da fala para a escrita*: atividades de retextualização. 9. ed. São Paulo: Cortez, 2008.

NEMIROVSKY, Myriam. *O ensino da linguagem escrita*. Porto Alegre: Artmed, 2002.

RAMOS, Jânia M. *O espaço da oralidade na sala de aula*. São Paulo: Martins Fontes, 1997.

ROJO, Roxane. *Falando ao pé da letra*: a constituição da narrativa e do letramento. São Paulo: Parábola, 2010.

_____. *Letramentos múltiplos*: escola e inclusão social. São Paulo: Parábola, 2009.

SCHOLZE, Lia; RÖSING, Tania Mariza Kuchenbecker (Org.). *Teorias e práticas de letramento*. Brasília: Instituto Nacional de Estudos e Pesquisas Educacionais Anísio Teixeira, 2007.

SMOLKA, Ana Luiza Bustamante. *A criança na fase inicial da escrita*: a alfabetização como processo discursivo. São Paulo: Cortez, 2012.

TEBEROSKY, Ana (Org.). *Contextos de alfabetização inicial*. Porto Alegre: Artmed, 2004.

_____; CARDOSO, Beatriz. *Reflexões sobre o ensino da leitura e da escrita*. Campinas: Ed. da Unicamp; Petrópolis: Vozes, 1993.

_____; COLOMER, Teresa. *Aprender a ler e a escrever*: uma proposta construtivista. Porto Alegre: Penso, 2003.

ZUNINO, Delia Lerner de. *Ler e escrever na escola*: o real, o possível e o necessário. Porto Alegre: Artmed, 2002.